PROCURATORIAL STUDY

检察研究

江苏省人民检察院◎组织编写　　编委会主任◎刘华

2021年 · 第2辑

法律出版社
LAW PRESS · CHINA
北京

图书在版编目（CIP）数据

检察研究. 2021 年. 第 2 辑 / 江苏省人民检察院组织编写. -- 北京 : 法律出版社, 2021

ISBN 978 - 7 - 5197 - 6037 - 3

Ⅰ. ①检… Ⅱ. ①江… Ⅲ. ①检察机关－工作－中国－文集 Ⅳ. ①D926. 3 - 53

中国版本图书馆 CIP 数据核字(2021)第 205127 号

《检察研究》2021 年第 2 辑
《JIANCHA YANJIU》2021 NIAN DI 2 JI

江苏省人民检察院 组织编写

责任编辑 许 睿
装帧设计 李 瞻

出版发行 法律出版社
编辑统筹 司法实务出版分社
责任校对 朱铁佳
责任印制 胡晓雅
经　　销 新华书店

开本 787 毫米 × 1092 毫米 1/16
印张 7. 75　**字数** 158 千
版本 2021 年 6 月第 1 版
印次 2021 年 6 月第 1 次印刷
印刷 永清县金鑫印刷有限公司

地址:北京市丰台区莲花池西里 7 号(100073)
网址:www. lawpress. com. cn
投稿邮箱:info@ lawpress. com. cn
举报盗版邮箱:jbwq@ lawpress. com. cn
销售电话:010 - 83938349
客服电话:010 - 83938350
咨询电话:010 - 63939796

书号:ISBN 978 - 7 - 5197 - 6037 - 3
定价:35. 00 元
凡购买本社图书,如有印装错误,我社负责退换。电话:010 - 83938349

目录 Contents

法学专论

主题研讨

检察实务

案例研究

法学专论

电子数据取证的法理与规则

何邦武[*]

摘要:就法理而言,《刑事诉讼法》将电子数据作为一类独立的证据,既是我国证据分类方法的逻辑结果,也为认识其属性和实践中如何运作提供了便捷。在将来的电子数据完善立法中,有关电子数据取证程序宜借鉴英美法系的可采性规则和大陆法系的证据资格理论,确立电子数据的传闻规则的例外和最佳证据规则的例外。在取证的合法性上,不仅应使其符合法定的证据形式,也应遵守强制侦查所当恪守的原则,使其符合法定的证据调查程序。

关键词:电子数据　强制取证　取证规范

近年来,我国有关电子数据研究的著述颇多,涉及电子数据的诸多方面,①《刑事诉讼法》已明确规定电子数据为证据的一种,但在电子数据法律地位的学理论证上仍然众说纷纭,亟待提出更加完备的法理。现行《刑事诉讼法》对如何解决电子数据取证与保全中的技术性与合法性难题也迄无定论,有关电子数据的法律规范又呈零散之势,甚至有相

---

* 何邦武,南京航空航天大学人文与社会科学学院教授。

① 可参见以下著述:刘品新:《中国电子数据立法研究》,中国人民大学出版社2005年版;樊崇义:《视听资料研究综述与评价》,中国人民公安大学出版社2002年版;何家弘:《电子数据法研究》,法律出版社2002年版;皮勇:《电子商务领域犯罪研究》,武汉大学出版社2002年版;刘方权:《犯罪侦察中对计算机的搜查扣押与电子数据的获取》,中国检察出版社2006年版;李学军:《电子数据与证据》,载何家弘主编:《证据学论坛》(第2卷),中国检察出版社2001年版,第444~445页;张楚:《电子商务法初论》,中国政法大学出版社2000年版;宋英辉:《关于搜查、扣押电子资料的立法完善问题》,载何家弘主编:《证据学论坛》(第7卷),中国检察出版社2004年版等。

互龃龉之处。[①] 有鉴于此,笔者拟在借鉴电子数据既有研究成果的基础上,从既有的证据理论出发,结合有关国际组织和一些国家电子数据立法及我国的司法实践,根据刑事侦查程序的一般原理,就电子数据作为一种独立的证据的法理及司法侦查实践中如何保障电子数据取证的真实性与合法性问题作一探究。

一、电子数据在我国作为独立种类证据的基本法理

目前,常见的电子数据,包括电子通讯中的电报(Telegram)、电话(Telephone)、传真(Fax)资料等;封闭计算机系统中的单个电子文件、数据库、传统电子数据交换(EDI)、电子报关单、黑匣子、交通信息卡资料等;以及开放计算机系统中的电子数据,主要为因特网中的电子数据、如电子邮件(E-mail)、开放性电子数据交换(Open EDI)、电子公告板(BBS)、电子聊天(E-chat)等。《刑事诉讼法》修订之前,由于电子数据在现实生活中已大量存在,学术界在对电子数据能否作为证据这一问题上基本持肯定态度,但在电子数据如何定位上却见解各异,以至有将电子数据视为视听资料、书证、物证、鉴定结论、新型的独立证据、几种证据的混合体,或者根据电子数据的表现形式及证明方法而将具体的电子数据归属不同种类的传统证据等几种观点。[②] 这些主张以我国现行的证据法律和法理为基础,具有一定的合理性,并能得到诉讼实践的支持,应该肯定其理论意义和实践价值。[③] 然而,虽然上述各主张旨在维护现行法律的稳定性且实际上确能实现这一目标,在我国没有就电子数据正式立法前,解决了实践中存在的问题。但面对电子数据独有的属性和形式特征,上述各家在理论上常常难以自洽,甚至出现捉襟见肘的理论困境。[④] 各家在电子数据地位上迥然有别的主张自身也在一定程度上表明各自的理论缺陷。

笔者认为,就中国的证据法律语境而言,电子数据作为一类独立的证据,不仅可以从其自身独特的属性中找到相应的理论基础,而且这一划分也符合我国证据分类的逻辑,且这种分类逻辑已然制约着我国的证据立法。

首先,给予电子数据独立的法律地位是其独有的属性使然。与传统证据相比,电子

---

① 笔者将在下文中对此作进一步的解释和说明,有关立法规范可参见何家弘:《电子数据法研究》,法律出版社2002年版,附录3部分。

② 参见刘品新:《论电子数据的定位:基于中国现行证据法律的思辨》,载《法商研究》2002年第4期。

③ 在实践中,公安机关对电子数据一般采取"转化型证据"方式收集。如需要把犯罪嫌疑人的电子邮件作为控诉证据,普遍做法是对电脑进行勘验检查并制作笔录,作为勘验、检查笔录证据,或者干脆将电子邮件的内容转化为口供使用。又如,某案件需要网站提供网络日志,实践中一般由网站负责人作为证人来提供证言。在目前办案过程中,公安机关更多的做法是把犯罪嫌疑人上传的色情数码资料、淫秽网站IP地址、电子聊天记录、电子邮件记录等,先打印出来,再由犯罪嫌疑人签字,最后作为书证这种具有法律效力的证据来使用。

④ 以将电子数据视为物证的一家观点为例(汪建成、刘广三:《刑事证据学》,群众出版社2000年版),虽然论者主张电子数据具有特殊的物质载体,因此属于广义的物证,但论者所主张的广义物证包括除人证以外的一切证据,这种归类既无法说明电子数据的特质,也对证据划分及电子数据的使用无指导意义。对电子数据各家定义的评述可参见刘品新:《论电子数据的定位:基于中国现行证据法律的思辨》,载《法商研究》2002年第4期。

数据具有如下特性:(1)与载体的可分离性。电子数据与所载的信息并不必然与特定的载体相连,不同的磁盘、光盘、磁带完全可以复制转载同一内容的电子信息。电子文件的信息不再具有固定的物理位置,而是可以从一个载体转换到另一个载体,其内容却不发生任何变化,且可以通过网络传给远方的一个或多个接收者。(2)对计算机系统的高度依赖性。传统书证、物证不需要借助其他工具、设备,就可以被人们感知。电子数据在形成、传输的过程中,需要利用电磁场的变化,将信息转变成以二进制代码存在的电子形式存储或流动,而且这种信息只有依靠特定的系统并通过相应的程序解码,使用打印、屏显、运行等方式才能将其显现出来。(3)存储内容的易变性。由于电子数据是用二进制数据表示的,以数字信号的方式存在,而数字信号是非连续性的,如果有人故意或因为差错对计算机证据进行截收、监听、窃听、删节、剪接,从技术上讲就难以查清。而且,由于计算机操作人员的差错或供电系统、通信网络的故障等技术和环境方面的原因都会使计算机证据无法反映真实的情况。在网络环境下,数据的通信传输又为远程操纵计算机,破坏、修改电子数据提供了更便利的条件。某些情况下,计算机可以按照例行程序自行恢复被删除、修改的文件,如 word 系统在意外断电的情况下,可以将文档恢复到断电前自动保存时的状态。这也是传统证据所不具备的特点。

此外,与传统证据相比,电子数据还具有隐蔽性的特点,一些隐藏信息只能在程序运行或测试中才能体现出来,一份电子数据很可能与打印出来的复制品不是完全相同的,有些电子数据必须用产生它们的软件可以理解的形式来展示,电子数据的制作人也可以通过加密、隐藏的方式使之不易被他人获得。一些嵌入式的程序如计算机病毒可以嵌入其他文件之中,而这些病毒程序的相关信息用常规检测方式是不易被发现的。而且,在证据的收集和审查判断上,电子数据往往需要电脑专家凭借尖端技术来进行。①

显然,即使在某些方面与其他证据形式有交叉之处,电子数据的上述属性却为其所独有,因而在取证及证据调查程序上有其特殊的要求,为电子数据确立独立的法律地位以规范其特定的取证及调查程序,实属必要。

其次,给予电子数据独立的法律地位符合我国证据种类划分的逻辑。各国证据都按照一定的逻辑进行界定并按照一定的类别进行划分。从目前划分的方式看,我国证据分类采取形式主义且比较细化的分类方式,三大诉讼法都以专门条款明确规定证据的种类并因此而将其表述方式法定化。② 表面来看,这种划分方式确如龙宗智教授所言,具有封

---

① 参见赵春雨、张云泉:《论电子数据的特点及其对取证的影响》,载《黑龙江省政法管理干部学院学报》2006年第1期;周志轶、黄卓丰:《电子数据法律适用问题研究》,载 http://article.chinalawinfo.com/Article_Detail.asp? ArticleID=2161,最后访问日期:2010年4月5日。

② 由于我国目前没有专门的证据法,对证据在法律上进行分类,是通过刑事、民事与行政三大诉讼法实现的。《刑事诉讼法》第42条将证据分为七种类型,即"(一)物证、书证;(二)证人证言;(三)被害人陈述;(四)犯罪嫌疑人、被告人供述和辩解;(五)鉴定结论;(六)勘验、检查笔录;(七)视听资料"。民事诉讼与行政诉讼由于不同的诉讼性质,分类略有不同。

闭的特性，即这种方式要求取证时必须将某类材料纳入法定的证据形式，如果未能纳入，该材料就缺乏证据资格。[①] 但仔细研究就可以发现，这种只根据证据外在表现形式而进行描述性概念界定并进行证据分类的方式，既没有对某类证据外延的归纳，也没有对证据概念内涵的抽象概括。其结果，在两大法系中同为某类证据的资料，如书证及其各种形式，在我国因之成为不同种类的证据，且互相不具有种属关系。易言之，在出现新的证据形式时，因无法将其包含于已有的证据种类中而必须将其确立为一种新的证据种类。这正符合我国证据划分所循沿的逻辑。所以，笔者认为，从形式上看，我国证据划分呈封闭性，但从划分的逻辑看，我国证据划分实具有开放的属性，能够接纳新的证据成为新的一类证据。而这，恰恰为电子数据这一新的证据形式成为一类独立的证据奠定了学理基础。

需要说明的是，我国立法对证据划分所遵照的逻辑，不仅影响我国有关证据划分的理论，也影响司法的实践，并成为一种“路径依赖”，在立法中予以沿用。而且，对证据概念的重新界定，可能带来词语使用上的不便，不太符合语言适用的便宜性及约定俗成的原则。[②] 这些也是影响电子数据作为独立种类的因素。

此外，给予电子数据独立的法律地位有助于实践中的取证和质证。虽然我国证据分类的方法导致我国证据种类较多，不符合两大法系通行的证据分类逻辑，并且容易出现因多标准划分产生的逻辑混乱以及种类交叉、划分不清等问题。[③] 但在司法实践中，这种证据分类上的形式主义和精细主义倾向，有利于司法实践的主体按照各法定的证据种类和法定的证据调查方法，把握实践中形形色色的证据材料，完成证据的收集和调查。电子数据也不例外，明确了电子数据作为一类证据的法律地位，司法主体就有了明确的可参照的标准，按照真实性与合法性的要求，进行取证和质证。

二、电子数据取证的真实性保障

明确了我国电子数据作为独立的证据种类的法理之后，必须根据其独有的属性对其取证程序作出相应的规定，以保障其真实性与合法性。[④] 这里首先分析其真实性保障问题。与电子数据真实性保障有关的证据规则，涉及传闻证据规则、最佳证据规则。由于我国证据立法中尚无传闻证据和最佳证据规则的规定，因此，笔者在论述如何保障电子

---

① 龙宗智：《证据分类制度及其改革》，载《法学研究》2005 年第 5 期。

② “路径依赖”理论原为制度经济学的概念，在法制变革中也存在着同样的问题，即法律制度变革中常呈现出自我强化和保守的特性。龙宗智教授就将来证据分类问题，即提出了尊重“保守性”要求的类似性观点，参见龙宗智：《证据分类制度及其改革》，载《法学研究》2005 年第 5 期。

③ 龙宗智：《证据分类制度及其改革》，载《法学研究》2005 年第 5 期。

④ 电子取证包括对存储在计算机系统或者网络设备中潜在电子数据的识别、收集、保护、检查、分析以及法庭出示等专门措施。常用的与电子数据特殊属性相适应的取证方式有打印、拷贝、拍照、摄像、制作司法文书(一般包括检查笔录和鉴定)、查封、扣押以及公证等。

数据的真实性时，先就上述规则的英美法系主要国家相应的制度及其与电子数据的关系作一梳理，在此基础上，就我国将来电子数据取证过程中的真实性保障问题进行探究。

（一）电子数据与传闻证据规则

在英美法系，传闻证据规则是指排除用以证明所主张事项真实性的庭外陈述，包括口头、书面及有明确意思表示的叙述性动作。为了防止因排除所有传闻证据所带来的证据使用上的负面影响，传闻规则还规定了许多容许采纳的例外。电子数据在通过计算机来传输和处理时，所谓的"原始证据"可能几经转化，其内容可能已有所改变，而改变后的电子数据又无法通过交叉询问的方式进行查证。即使对程序采取反向工程（reverse engineering，也称反向分析）也只能通过反汇编或反编译，获得一些汇编程序或高级语言源代码，来探求一个计算机程序的构想、原理或设计方面的信息，不能予以确定事实本身。因此，英美法系的学理和判例认为，由计算机输出的书面材料，作为电子数据的具体形式，只是一种传闻证据，原则上不能被采纳为证据。但由于电子数据在各种案件中大量出现，传统的证据规则已然受到挑战，因此，英美法系也承认传闻规则有许多例外，而依据这些例外，认可电子数据具有证据能力。

美国关于电子数据的传闻规则仅适用于电子设备存储记录与衍生记录，而不适用于由电子设备生成的记录。因为后者实际上是实物证据，不含有传闻的因素。前者则属于真实性得到保障的书面形式传闻证据的例外。根据《联邦证据规则》第 803 条第 6 款的规定，由知情人以任何形式制作的关于行为、事件、情况、意见或诊断的备忘录、报告、记录或者数据汇编（包括电子计算机存储器），如果是在当时或其后不久制作的，或者是根据传来信息制作的，并为正常业务活动所保存，而且该类制作是此业务活动的正常做法，并能由保管人或其他适格证人作证来证实，就可予以采纳。但如果此信息来源或者准备手段、准备情况表明其缺乏真实性的，则不在此限。在普通法中，上述所记录的事项或者事件以及对此的记录都必须出于第三人的职责，但本例外只要求在正规的业务活动中制作即可，不过应是"正常做法"。可见，本项例外对普通法的相关规定有较大改革。①

英国没有独立的电子数据立法，与之相关的法律集中规定了电子数据的一种特殊形式，即计算机打印输出陈述文书，而没有面面俱到。与之相关的传闻规则的规定见于其制定法中，其《1984 年警察与刑事证据法》第 69 条规定了源自计算机记录的证据可采性问题。该条规定，由计算机制作的文书中的陈述，不得采纳为该陈述中所宣称的任何事实的证据，除非该陈述表明：（1）没有合理理由相信因为计算机使用不当而使陈述不准确；（2）在所有重要时刻均能正确操作计算机，或者即使未能如此，但不论是操作不当，还

① 本条还要求，整个过程中提供最初信息的人必须具有第一手知识，即"亲身知悉"，这与普通法中的要求一致。但本条对普通法中强调的，制作业务活动记录的人必须不能作为证人出庭（作为采纳该记录的条件）没有规定。关于业务活动记录的证明，本条作了具体的规定，而且，为了促进正常行事的活动记录的引入，国会颁布了制定法，对刑事诉讼中的国外记录规定了证明程序。

是计算机停止运行,在任何方面均未因此影响文书的制作或者文书内容的准确性;(3)满足依照第 2 款在法庭规则中规定的任何相关条件。法庭可以制定条文,要求在任何根据本条需要提供陈述证据的诉讼中,按照要求的形式和时间提供规则可能要求的与陈述有关的信息。其《2003 年刑事审判法》第 129 条关于“人以外的描述”也是有关计算机类证据的规定,根据该条,(1)如果对任何事实的描述,①不是由人作出的;但是②其准确性取决于一个人(直接或者间接地)提供的信息,则不得在刑事诉讼中把这种描述采纳为该事实的证据,除非能够证明该信息是准确的。(2)第(1)款不影响推定机械装置被正确安装或者校准的效力。由此可以看出,源自计算机记录的陈述可以采纳的唯一条件就是不存在操作不当或恶意操作计算机的情况。①

加拿大虽然于 1998 年颁布了独立的《统一电子数据法》以明确电子数据的法律地位,但在电子数据传闻规则的适用上,仍依照传统规则。该法第 2 条明确规定,“除鉴证和最佳证据规则以外,本法并不修改任何普通法或制定法与记录采信有关的规则”。也就是说,在电子数据的适用方面基本遵照传统的传闻规则。为了满足电子数据的特殊形式,该法不要求证人提供口头证据,也不需要其进行宣誓,而代之以宣誓书(affidavit),做出宣誓书的人不一定亲身知悉电子记录系统的各个方面,但如果该人了解相关信息,则其宣誓书具有可采性。如果宣誓书的可靠性受到质疑,提供电子记录的人就必须提供有关电子记录系统可靠性的更翔实的证明。该法没有对宣誓书的制作人作出明确的规定,出示电子数据的一方可自行决定谁是最具有信服力的证人。宣誓书的作证人,可以被相对当事人交叉询问。

上述国家均将电子数据作为正常业务活动记录的例外予以采纳。借鉴前述国家立法,在我国将来的电子数据进一步完善立法中,可以将电子数据作为正常业务活动记录即业务文书的例外,在符合业务文书制作程序的前提下,承认其证据资格②。而且,我国现行的《民法典》(第 469 条)及《电子签名法》(第 2、4 条)等已经以功能等同的方式确立了电子数据具有书面形式的证据资格,为电子数据作为传闻规则的例外奠定了基础。③尤其是《电子签名法》还参照联合国《电子商务示范法》将非歧视原则引入该法,并在第 3 条中明确规定,当事人约定使用电子签名、数据电文的文书,不得仅因为其采用电子签名、数据电文的形式而否定其法律效力。这些既有的立法都为我国将来电子数据的完善立法及法律运用打下良好的制度基础。

---

① 参见何邦武:《刑事传闻规则研究》,法律出版社 2009 年版,第 112～113、98 页。

② 参见何邦武:《刑事传闻规则研究》,法律出版社 2009 年版,第 279 页。

③ 《民法典》关于合同的书面形式进行了列举规定,包括电报、电传、传真、电子数据交换和电子邮件等。而《电子签名法》就数据电文及相关的电子签名的概念作出界定:数据电文即以电子、光学、磁或者类似手段生成、发送、接收或者储存的信息。电子签名则指数据电文中以电子形式所含、所附用于识别签名人身份并表明签名人认可其中内容的数据。

（二）电子数据与最佳证据规则

最佳证据规则要求诉讼当事人只能用最有说服力的原始证据来证明案件事实，排除传来证据的适用。[①] 由于电子数据不存在传统意义上的“原件”，其原件只是一堆人们无法识别的以数字代码为原始存在形态的电磁信号，人们看到的只是电子数据的外在表现形式，依据最佳证据规则，当在排除之列。为了使电子数据能够作为证据使用，各国或国际组织都作了特别规定。

一是对“原件”进行重新解释。如美国《联邦证据法》第 1001 条规定，文字或录音的原件是指该文字或录音材料本身，或由他人制作或提交的具有同样效力的副本或复本。如果数据存储在电脑或类似设备中，那么任何从电脑中打印或输出的能够准确反映有关数据的可读物，皆为原件。其《1999 年统一证据规则》在修订时更是另辟蹊径，以“记录”一词替代原先的“文书、录音和照片”的术语，并在该规则第 101 条第（3）项中对“记录”作恰当界定，这样创建了一种独特的用于解决电子数据可采性的“独一无二的方法”。此方法侧重电子数据作为原始证据采纳的实质要件。美国在 2000 年 6 月通过的《国际国内电子签章法》中就作了类似规定，即若电子记录满足了准确性和可调取性则视为满足了原件要求。

二是新立形式性标准，直接规定将电子数据视同原件而予以采纳。与前者相比，此方法侧重的是形式要件。联合国贸法会的《电子商务示范法》第 8 条规定，“（1）如法律要求信息须以其原始形式展现或留存，倘若情况如下，则一项数据电文即满足了该项要求：（a）有办法可靠地保证自信息首次以其最终形式生成，作为一项数据电文或充当其他用途之时起，该信息保持了完整性；和（b）如要求将信息展现，可将该信息显示给观看信息的人。（2）无论本条第（1）款所述要求是否采取一项义务的形式，也无论法律是不是仅仅规定了不以原始形式展现或留存信息的后果，该款均将适用。（3）为本条第（1）款（a）项的目的：（a）评定完整性的标准应当是，除加上背书及在通常传递、储存和显示中所发生的任何变动之外，有关信息是否保持完整，未经改变；和（b）应根据生成信息的目的并参照所有相关情况来评定所要求的可靠性标准”。为了确认电子数据具有与传统书证同等的法律效力，该法第 6、7 条用功能等同的方式就电子数据在何种情况下即视为具备书面形式和满足签名的条件作了规定。由此可以看出，贸法会是从系统的完整性出发，作为电子数据原始性的标准。

加拿大《统一电子数据法》关于电子数据与最佳证据规则的关系，突破了传统最佳证据规则对“原件”的要求，该法没有拘泥“原件”标准，而是新创设“电子记录系统完整性”（integrity of electronic records system）标准来解决电子数据中有关最佳证据规则的问题。立法者认为，系统的可靠性（system reliability）可以代替记录的可靠性（record reliability），

---

① 参见［美］约翰·W. 斯特龙：《麦考密克论证据》，汤维建等译，中国政法大学出版社 2004 年版，第 464 页。

这种可靠性意味着准确、完整。该法第 4 条规定,如果是明确地、连续地运用、依靠或使用某一原始输出稿形式的电子记录,作为原始输出稿记录或存储的信息的记录,则该电子记录视为最佳证据规则意义上的记录。在最佳证据规则适用电子记录的情形下,只要能够证明记录或存储该数据的电子记录系统的完整性,即满足最佳证据规则的要求。由该规定可知,即使存在电子记录的原件,如纸面文件的电子影像(electronic image),该法也不要求提供纸面记录。该法也不以原件已被销毁作为电子影像被采信的前提。《统一电子数据法》为电子记录的采信专门设计了一项规则。如果某些人在正常的业务过程中按照合理的时间表销毁了纸面原件,他们在使用这些记录的可靠的电子版本时不应受到不公平对待。即使出于存档的需要而拥有纸面原件,如果其电子版本能满足该法对完整性的要求,他仍可提供电子版本作为证据。"系统完整性"标准从证明单个记录的完整性,转而证明生成和保存记录的计算机系统的完整性,是电子数据对最佳证据规则的突破。

比较而言,确立新的规则简便、易行,更具可操作性,且符合电子数据对特定技术性的要求,也与将电子数据作为独立的一类证据相适应。在我国将来的电子数据完善证据立法中,可借鉴联合国贸法会和加拿大立法经验,以"系统的完整性"作为电子数据满足最佳证据规则的标准,只要能满足这一要求,即可对其予以采用。而且,我国在这方面已具备一定的基础。《电子签名法》第 5、6 条已就电子数据形成、传输等环节的完整性保障及其效力作出了规定。另外,最高人民法院在 2001 年《关于民事诉讼证据若干问题的规定》和 2002 年《关于行政诉讼证据若干问题的规定》中,不仅承认电子数据交换、电子邮件以及其他数据资料的证据效力,而且在《关于民事诉讼证据若干问题的规定》第 22 条规定:"调查人员调查收集计算机数据或者录音、录像等视听资料的,应当要求被调查人提供有关资料的原始载体。提供原始载体确有困难的,可以提供复制件。提供复制件的,调查人员应当在调查笔录中说明其来源和制作经过。"《关于行政诉讼证据若干问题的规定》第 64 条规定:"以有形载体固定或者显示的电子数据交换、电子邮件以及其他数据资料,其制作情况和真实性经对方当事人确认,或者以公证等其他有效方式予以证明的,与原件具有同等的证明效力。"上述规定已具备了系统完整性的雏型。

三、电子数据取证的合法性保障

与其他传统形式的证据一样,刑事诉讼中侦查人员的电子数据取证,同样面临如何保障其合法性问题,即不仅需要符合法定的证据形式(种类),而且需要符合法定的取证程序。有关电子数据形式合法性,即法定证据形式问题已在前文作了论述。需要进一步说明的是,为便于实践运用,将来的完善立法宜在设定独立的电子数据种类的同时,进一步以列举的方式对电子数据的常见形式作出规定,并保持这种列举方式呈开放性的结构,为其后新类型的电子数据留下空间。除侦查需要外,使用强制侦查措施收集电子数据包括以公开手段的搜查、扣押和以秘密手段进入计算机系统截取信息两种方式,这些手段的使用无疑限制甚至剥夺了公民的财产权、隐私权和通信自由权。从刑事程序法治的应然角度出发,有关强制侦查的基本原则也应当适用于电子数据的取证程序。因为现代刑事诉讼制度的基本功能之一,就是通过程序控制国家刑罚权,其目的是约束国家追诉的权力,防止其被滥用,而保障公民的权利,以保证追惩过程的程序正当,实现刑事法治。包括电子数据强制取证在内的强制侦查措施,因其可能侵犯公民的人身自由、财产权,甚至公民的隐私,事涉公民作为人所应有的尊严,应该是刑事诉讼中国家权力行使和公民权利保障最易发生冲突的领域,明确地界定其权力行使的疆界、程序并引入司法监督程序,是实现强制侦查措施法治化的必由之路,这也将是中国刑事诉讼回到常识、回归理性的必然结果,尽管目前的法律实践部门和法学界对此众说纷纭,莫衷一是,但笔者相信这一朝向现代刑事法治发展的趋势不会改变。① 在电子数据强制取证时,应结合其特质,找到适用强制侦查原则的具体方式。

首先,法定原则如何适用。关于电子数据搜查、扣押的立法模式,从英、法、德、日等国的情况来看,主要分为两种:一种是有明确的立法。如英国《1984 年警察与刑事证据法》第 19 条第 4 款规定,在具备法定情形下,警察对存储于计算机之中且在该场所里即可获取的任何信息,都可以要求将其制作成有形且可读的、能被带走的形式予以扣押。另一种是无明确的立法而只有一般的关于搜查、扣押的规定。如日本《刑事诉讼法》第 102 条规定,法院在必要时,可以对被告人的身体、物品、住所或其他场所,进行搜查。对被告人以外的人的身体、物品、住所或其他场所,以足以认为有应予扣押的物品存在的情形为限,可以进行搜查。参酌上述立法模式,我国可采取对搜查、扣押作出一般规定与对电子数据作出特别规定相结合的立法模式,既为电子数据的强制取证设定共同的界限,也使该强制取证增强可操作性②。关于以秘密手段进入计算机系统截取信息,也应以立法作出明确规定为宜。在立法权限上,原则上只能来源法律的规定,取证有轻微危害的可以由法律授权的行政法规加以规定,但效力等级较低的司法解释与部门规章等无权在法律之外增加侦查机关强制取证的权力。关于执行的主体,通常应当是侦查机关的侦查人员,因应电子数据的技术性特点,还应当规定侦查机关必要时可以聘请有资质的机构或其他适格的专业技术人员协助进行。

其次,司法审查原则如何贯彻。司法审查制度的确立是中国刑事司法走向刑事法治的必由之路,也为在刑事司法中对底线正义坚守所必需。在具体实施时,宜做到坚持原

---

① 孙长永:《侦查程序与人权保障》,中国法制出版社 2009 年版,第 286 页。

② 目前,我国《刑事诉讼法》没有专门关于电子数据的搜查、扣押的规定。为适应实践需要,公安部和最高人民检察院的有关规定对电子数据的搜查、扣押作了规定。如公安部《公安机关办理刑事案件程序规定》第 231、233 条等的规定。这些规定因规范本身的效力等级及内容的局限性,有适用中短绌的缺陷。但可以为将来的立法提供借鉴,值得一阅。

则与把握例外的统一。针对我国刑事诉讼体制的现状,可以根据案件的性质、强制取证电子数据对公民权利侵害的程度等,赋予检察机关及侦查部门一定的决定权。但是否所有紧急情况下都设置例外,值得研究。例如,在德国,搜索命令由法官为之,有迟延危险时,得由检察官及其辅助机关为之。但对新闻业界处所的搜索,只得由法官为之。①

对英美等国有关有形物的强制搜索实施中的附带搜索和一目了然(plain view)的例外,笔者认为,此类例外不能适用于电子数据的搜索、扣押,因为从对计算机等有形物的搜索、扣押到进入计算机系统进行的数据搜索,如果原来是以对计算机的财产权扣押为目的的,那么进行数据搜索时,其前后对象性质已经发生了变化,所以此类例外不能设置。

再次,比例原则如何确立。在刑事电子数据取证领域,比例性原则要求侦查机关在进行数据收集与截获时,宜保持必要的谨慎,以适度技术手段,对公民隐私权、财产权将进行应有的保护,以实现行使侦查权力与保障公民权益的平衡。在电子数据的调查取证中,因其智能性和无形性特征,使进入计算机主机系统进行的搜查、扣押等强制取证行为不同于通常有形物的搜查或扣押,因为随意一个指令的输入,就可能突破原来设定的数据范围,所以确立比例原则尤为重要。例如,当电子数据的载体取走,从而不能在侦查部门的计算机中被鉴定,只有应用检查中的计算机系统进行分析时,调查与没收涉嫌犯罪的计算机装置的权力行使的边界,就应当按照比例原则予以设定。目前,各国通常采取的原则是,法律禁止那些仅为了收集很少数的数据而全面没收数据载体或全部计算机装置的做法。这值得我国将来的立法借鉴。

此外,在计算机网络数据的调查中,应该避免通过电信路线调查连在一起的不确定的计算机系统的数目。除非司法授权进行更广泛的调查,网络数据的收集与截获应该限制在计算机系统本身所允许的范围内,否则对公民隐私权极易造成侵犯。②

最后,保密原则如何施行。电子数据涉及国家、商业秘密和公民个人隐私,需要严格遵守与之相应的保密原则:对于社会(主要是新闻媒体),除法律另有规定或者经权利人同意或法官批准外,侦查机关及有关知情人不得对外泄露搜查、扣押或截获的电子数据信息。这种保密还包括由侦查部门制作的存储于电脑或网络中的电子信息。针对电子数据的技术性强的特点,在取证过程中,应当严格按照技术规范进行操作,必要时交由专家进行取证,以防泄密。在利用和处理资料时,应当注意保守秘密及保护当事人和相关人员的合法权益。对于不构成犯罪的,搜查、扣押、截获的电子资料应当依法定程序予以

① [德]Claus Roxin:《德国刑事诉讼法》,吴丽琪译,台北,三民书局 1998 年版,第 393 页。

② 参见汪建成、刘广三:《刑事证据学》,群众出版社 2000 年版,第 208 ~ 209 页。《公安机关办理刑事案件程序规定》第 231 ~ 233 条,对电子数据的搜查、扣押的有关规定已接近法定原则和比例原则,可为将来立法参照。

销毁或者返还。[1]

为保证上述侦查原则的有效实施,还应建立相应的事后制裁机制。这种程序性制裁所针对的是侦查人员、检察人员违反法律程序的行为,以宣告诉讼行为无效为其基本制裁方式,包括终止诉讼、撤销有罪判决、排除非法证据等。这种"程序违法直接导致实体结论无效"的制裁方式,可以维护刑事诉讼程序的有效实施,保障程序正义的价值得到实现。

此外,设置强制取证的上述原则,还应和赋予相对人相应的救济权相结合:一是申请复议权。对违反比例原则,明显不当的授权行为,允许当事人向法院复议一次,请求撤销强制采样的决定。二是当事人提起诉讼。对没有合法授权或超出授权范围而非法进行的强制取证行为,可对相关的责任人提起民事和刑事诉讼,追究其责任。对于知悉电子数据信息的人员没有遵循相关的保密规定,非法泄露、提供或使用,给当事人造成损失的,当事人可直接提起诉讼,追究有关人员的民事和刑事责任,并有权请求国家赔偿。

---

① 参见宋英辉:《关于搜查、扣押电子资料的立法完善问题》,载何家弘主编:《证据学论坛》(第 7 卷),中国检察出版社 2004 年版,第 43 页。

主题研讨

强化个人信息的民法保护:检察公益诉讼新方向

张悦雯[*]

摘要:当前,随着互联网与大数据的深度融合,数字经济正处于蓬勃发展的阶段,但全民共享数字经济红利的同时,面临个人信息泄露的巨大风险隐患。检察机关作为国家利益和社会公共利益的守护者,需要探索公民个人信息保护的公益诉讼路径。个人信息作为精神性人格要素之一,其尚具有财产利益,可以适用获利赔偿的侵权损害赔偿标准。通过对近年来"个人信息类"民事诉讼与刑事诉讼的数量进行比较,进一步确定当前检察机关提起民事公益诉讼的必要性。在检察机关提起公益诉讼具有可行性的前提下,建议检察机关结合"行为主体"与"行为目的"对相关主体的"利用行为"进行利益衡量,应对个人信息上的多元化利益冲突,并且区分不同的"利用行为",以不同的计算方法适用获利赔偿标准。

关键词:检察公益诉讼　民事公益诉讼　个人信息　获利赔偿

一、背景与问题的提出

根据中国信息研究院的最新统计,我国数字经济在"十三五"期间实现跨越式发展,对 GDP 增长贡献率已超五成。[①] 数字经济的蓬勃发展离不开互联网与大数据的深度融合,可以说,大数据的发展正驱动着包括人工智能、云计算、物联网等领域在内的新一轮的科技创新和产业革命。但机遇与风险并存,全民共享科技进步时代红利的同时,面临

---

* 张悦雯,江苏省苏州市吴江区人民检察院检察官助理。

① 参见:《充分释放数字经济发展新动能》,载 http://www.xinhuanet.com/2021-01/28/c_1127033753.htm,最后访问日期:2021 年 1 月 28 日。

着个人信息泄露的巨大风险与隐患——我们在获取海量信息的同时,也是海量信息的初始提供者,而个人信息一旦泄露,权利主体的合法权益势必难以得到保障。近年来,为了强化对公民个人信息的保护,我国陆续出台了一系列法规文件,①尽管这些法规文件从多领域、多角度对公民个人信息的非法获取与利用进行了严厉打击,当下的公民个人信息安全保护仍然不尽如人意。2020 年 11 月,一则"圆通快递工作人员倒卖 40 万条公民个人信息"②的新闻为我们再次敲响了信息安全风险的警钟:"包含收件人与发件人姓名、电话、地址"的个人信息以"一元一条"的价格被打包出售的现状,是否说明那些掌握大量公民个人信息的经营者、软件平台,甚至是机关单位正面临着高额的金钱诱惑,公民正面临个人信息被集体打包并层层转卖的巨大风险?

面对这样的现状,检察机关作为国家利益与社会公共利益的守护者,能否通过提起民事公益诉讼的方式为公民的个人信息保护提供强有力的后盾?为了回答这一问题,我们必须先明确:侵犯公民个人信息的行为属于何种类型的债?同时,检察机关提起民事公益诉讼是否具有必要性与可行性?那么,检察机关应当选择怎样的损害赔偿路径?适用何种损害赔偿标准?这些都需要进一步讨论。

二、个人信息的法律分析

(一)个人信息"可识别性"标准的具体适用

随着强化公民个人信息保护法律法规的陆续出台,个人信息的范围和判断标准也在不断完善之中。从当前颁布的法律法规来看,个人信息的判断标准已经初步达成了统一:判断一项信息属于自然人个人信息的标准在于能否通过该信息对自然人的个人身份进行识别——个人信息的"可识别性"标准③。但"可识别性"标准在实践中具体适用时仍需要讨论几个问题。第一,"识别主体"。选择由谁进行识别是进行信息判定的第一步。比如,是站在"行为人"还是"权利人"的立场?第二,"识别手段"。"识别主体"在识别过程中能否使用专业的识别工具与识别方法。第三,"识别目标"。从相关信息中识别出与自然人相关的何种信息方能将之认定为个人信息也需要进一步讨论。

首先,对于"识别主体"与"识别手段",应当引入"客观合理"④标准——站在一个普通多数人的立场,采用一般合法且通常的手段。之所以引入这个标准,是为了让一般公

---

① 《全国人大常委会关于维护互联网安全的决定》《全国人民代表大会常务委员会关于加强网络信息保护的决定》《消费者权益保护法》《网络安全法》《民法典》对保护公民的信息安全作了专门规定。

② 参见:《圆通内鬼泄露 40 万条个人信息背后》,载 https://news.ifeng.com/c/81V0TO7nB1p,最后访问日期:2020 年 11 月 28 日。

③ 2016 年颁布的《网络安全法》第一次从法律层面规定了个人信息的"可识别性"标准。《民法典》除了补充了几种常见形式,也采纳了"可识别性"的判断标准。此外,从《个人信息保护法(草案)》来看,全国人大法工委对个人信息的"可识别性"标准也持肯定态度。

④ 参见刘颖、谷佳琪:《个人信息去身份化及其制度构建》,载《学术研究》2020 年第 12 期。

民能够预见自己的行为后果。但"客观合理"标准也有例外，如指纹、虹膜、DNA序列这些通过一般方法难以进行识别的生物识别信息。由于这类信息"直接指向特定自然人"，[①]且通常收集、使用此类信息的主体都具有一定的专业知识与特殊设备，也就是说，行为人能够预见自己的行为后果，因此可以将这类信息归入个人信息。其次，关于"识别目标"。与个体有关的信息并不一定都是个人信息[②]，从《民法典》来看，只有在通过该信息能够识别到现实生活中"特定自然人"的情况下，才能将该信息认作个人信息。对于一些指向行为特征的信息——"用户使用行为数据"[③]，如购物行为、观影行为——大数据时代下，这些指向行为的信息经常被用于推演群体需求，[④]又如购物需求与文化需求，只要这些信息不能定位到具体某个自然人，就不应当被视作个人信息。

（二）个人信息在民法中的定位

《民法典》中并未出现"个人信息权"一词，有学者认为这说明"个人信息受保护"的权利并不是一种民法上的权利，而是一种基本权利，必须强调国家对个人信息的保护义务。[⑤] 这样的观点虽然没有否认民事关系中个人信息侵害的存在，但却似乎站在宪法效力高于民法效力的角度，认为"个人信息受保护"的权利如果属于民事权利，就降低了法律位阶，[⑥]不利于权利保护。笔者认为，强调民法对个人信息的保护与强调国家对个人信息的保护义务之间并不冲突。因为宪法与民法的调整对象不同，宪法并不调整私人间的法律关系，[⑦]私人间因个人信息而产生的法律关系需要民法进行调整。无论宪法层面是否认可"个人信息受保护"作为一项基本权利，都不妨碍从民法层面认可民事主体享有"个人信息受保护"的民事权利。此外，《民法典》将个人信息受法律保护的规定专门放于"民事权利"一章中，我们有理由认为《民法典》认可"个人信息受保护"的权利属于民事权利。

这项民事权利是否属于人格权？《民法典》人格权编下设六章规定，关于个人信息保护的规定被置于第六章"隐私权与个人信息保护"中，从体系解释的角度来看，第六章的隐私、个人信息，同第二章至第五章规定的具体人格权所对应的权利客体处于同一地位。也就是说，个人信息，同隐私、姓名、名称、肖像一样，都属于人格要素。虽然《民法典》中

---

① 参见杨楠：《个人信息"可识别性"扩张之反思与限缩》，载《大连理工大学学报（社会科学版）》2021年第2期。

② 参见程德理、赵丽丽：《个人信息保护中的"识别"要素研究》，载《河北法学》2020年第9期。

③ 参见董晓婷：《大数据的定义特征及其应用分析》，载《硅谷》2013年第11期。

④ 参见苏今：《〈民法总则〉中个人信息的"可识别性"特征及其规范路径》，载《大连理工大学学报（社会科学版）》2020年第1期。

⑤ 参见王锡锌：《个人信息国家保护义务及展开》，载《中国法学》2021年第1期。

⑥ 参见姜峰：《民事权利与宪法权利：规范层面的解析——兼议人格权立法的相关问题》，载《浙江社会科学》2020年第2期。

⑦ 参见高桥和之、陈道英：《"宪法上人权"的效力不及于私人间——对人权第三人效力上的"无效力说"的再评价》，载《财经法学》2018年第5期。

并未采用“个人信息权”的表述,但从隐私权的立法演进来看[①],暂不采用“个人信息权”的表述也符合“新生权利”入法的一般规律。不过,也有学者认为将“个人信息受保护”的权利视作人格权只是强调了其人身属性,没有体现出个人信息上具有的财产属性[②]。而这一观点成立的前提是:人格权不具有财产利益。但如今姓名、肖像等人格要素的商业化利用现象已经屡见不鲜,可见这类精神性人格权上也有能够“积极利用”[③]的财产属性。既然姓名、肖像等精神性人格权上具有财产属性,那么个人信息,作为同样不依托于物质实体的精神性人格要素[④],为何不能具有财产属性呢?所以,在考虑个人信息商业价值的情况下,依然可以将“个人信息受保护”的权利视作一项具体的人格权。

(三)民法上的救济途径

关于个人信息权利人在民法上救济路径的讨论,首先需要判断侵犯公民个人信息的行为属于何种债的发生原因:第一,是否属于合同之债?侵犯公民个人信息的行为人违反的不是合同义务,因此不属于合同之债。第二,是否属于无因管理之债?行为人虽然“管理”了他人个人信息,但不具有“避免他人利益受损失”的主观目的,不符合当前我国《民法典》对无因管理构成要件的规定[⑤],因此不属于无因管理之债。第三,是否属于不当得利之债?从不当得利的视角来看,行为人的侵权行为“没有法律根据”,且能够从中“取得不当收益”[⑥],符合不当得利的构成要件。第四,是否属于侵权之债?个人信息上的权利属于法定的民事权利,侵犯公民信息的行为当然属于侵权行为。因此,权利人可以要求行为人承担不当得利返还责任或者侵权责任。

那么,在何种途径下能够让权利人获得更多救济?首先,站在不当得利返还的角度:按照《民法典》的规定,权利人可以要求“得利人”在赔偿损失的同时,返还“获得的利益”[⑦]——行为人对他人个人信息的擅自使用,由于这种利益在性质上来讲无法返还[⑧],权利人应当如何救济在立法上也尚存争议[⑨],因此在个人信息领域,权利人难以通过不当得利路径要求行为人返还“获得的利益”。其次,站在侵权责任的角度:为了规制侵犯他

---

① 参见张建文、高悦:《从隐私权的立法与司法实践看新兴权利保护的综合方式》,载《求是学刊》2019年第6期。

② 参见赵正东、王乃冬:《大数据时代个人信息侵权及保护问题探索》,载《延边大学学报(社会科学版)》2021年第1期。

③ 参见王利明:《人格权的属性:从消极防御到积极利用》,载《中外法学》2018年第4期。

④ 参见张俊浩:《民法学原理》(上册),中国政法大学出版社2000年版,第139页。

⑤ 《民法典》第121条规定:没有法定的或者约定的义务,为避免他人利益受损失而进行管理的人,有权请求受益人偿还由此支出的必要费用。

⑥ 《民法典》第122条规定:因他人没有法律根据,取得不当利益,受损失的人有权请求其返还不当利益。

⑦ 《民法典》第987条规定:得利人知道或者应当知道获得的利益没有法律依据的,受损失的人可以请求得利人返还其获得的利益并依法赔偿损失。

⑧ 参见王泽鉴:《不当得利》,北京大学出版社2015年版,第179页。

⑨ 参见傅广宇:《“中国民法典”与不当得利:回顾与前瞻》,载《华东政法大学学报》2019年第1期。

人精神性人格要素(包括个人信息)上财产利益的“受益型侵权行为”①,原《侵权责任法》第 20 条作了专门规定,一定情况下,权利人可以要求侵权人赔偿“其获得的利益”。《民法典》也采纳了这个带有惩罚意味的损害赔偿标准,并且取消了该损害赔偿标准适用时的顺位限制——权利人可以在“受到的损失”与“侵权人的获利”两个损害赔偿标准间自由选择,为“获利赔偿”标准的适用进一步扫除了障碍。因此,在救济路径方面,权利人选择侵权损害赔偿路径可能是更合适的做法。

三、检察机关提起公益诉讼的必要性

(一)“个人信息类”诉讼现状调查研究

为了研究“个人信息类”案件的民事诉讼现状,笔者对北大法宝(法律信息库)中对涉及“个人信息”的刑事、民事案例数量进行了分别统计——由于个人信息与个人隐私在内容上存在部分重合,②为了尽可能地不遗漏“个人信息类”民事案件,笔者在检索的时候,将标题含“个人信息”或“隐私”的民事一审案件数量一起统计。

表 1 2011 年至 2020 年“个人信息类”刑事、民事案件数量统计表

年份	案由含“个人信息”的刑事一审案件数	标题含“个人信息”或“隐私”的民事一审案件数	
		含“个人信息”	含“隐私”
2011	12	0	19
2012	47	0	9
2013	121	0	24
2014	320	0	107
2015	323	0	119
2016	426	3	149
2017	1152	1	185
2018	1989	0	211
2019	2223	0	308
2020	1854	10	263

注:相关数据截至 2021 年 2 月 18 日。

由表 1 可知,2011 年至 2020 年,案由包含“个人信息”的刑事一审案件(以下简称“个人信息类”刑事案件)数量总体呈不断上升趋势,尤其自 2017 年以来,“个人信息类”刑事案件数量急剧增长,由此可以看出,近年来国家加大了对侵犯个人信息犯罪活动的

① 参见杨彪:《受益型侵权行为研究——兼论损害赔偿法的晚近发展》,载《法商研究》2009 年第 5 期。

② 参见王利明:《论个人信息权在人格权法中的地位》,载《苏州大学学报(哲学社会科学版)》2012 年第 6 期。

打击力度,持续推进了对公民个人信息的保护工作。同时,表中的刑事案件数量和年度走势也从某种程度上反映了近年来侵犯个人信息的事件频发,非法获取、提供、出售公民个人信息的现象依旧值得关注。另外,从民事案件的角度来看,虽然总体来说相关案件的数量大体也呈现逐年上升的趋势,但是即使将侵犯公民"隐私"的民事案件全部视作侵犯公民"个人信息"的民事案件,侵犯公民个人信息的民事案件数量也远不如刑事案件。可见,实践中选择通过民事途径对个人信息安全进行救济的比例相对较低。

(二)诉讼现状的成因分析

按照传统理论,刑法以制裁为中心,而民法旨在损害填补。[①] 在个人信息保护领域,的确应当加大对犯罪行为的打击力度,但对于自然人所受的损害也应当通过民事途径进行填补。在当前的司法实践中,权利人很少选择通过民事途径救济权利,其中原因可能有以下两个方面:

首先,"损害结果"与"侵权行为"之间的因果关系难以证明。对于非法收集、买卖权利人个人信息的侵权行为,权利人的确可以通过提起民事诉讼,要求行为人承担民法上的侵权责任。但多数情况下,权利人可能会面临极大的败诉风险。虽然事实上权利人的确承受着个人购物信息、健康信息被公开等"损害结果",而且行为人也确实存在着未经权利人同意收集倒卖信息等"侵权行为",但要想证明这二者之间的"因果关系"却并不容易。"互联网+"时代,App 客户端是最容易产生侵犯个人信息现象的地带,即使从刑法层面能够认定 App 运营商侵犯了公民的个人信息,让其承担了刑事责任,但由于相关服务器所收集、储存的信息浩如烟海,一个普通的 App 用户也难以证明"损害结果"是由该"侵权行为"所引发的。

其次,获赔金额小但诉讼成本大。尽管 App 运营商之类的公民个人信息的非法收集者或者保管者通过倒卖大量公民个人信息能够从中谋取巨大收益,但单个自然人通过提起民事诉讼并不能获赔很大金额,难以有效遏制此类行为的发生。从司法实践来看,即使法院认可权利人承受的精神损失,要求行为人对权利人进行精神损害赔偿,行为人所要付出的代价也几乎可以忽略不计[②]。相应地,对于个人信息受侵犯的权利人来说,在提起民事诉讼之前,不得不考虑将要付出的时间成本与经济成本、可能面临的败诉风险以及如果胜诉能够获赔的金额。当前获赔金额与诉讼成本之间"倒挂"[③]的状况势必会让权利人对提起民事诉讼望而却步。

(三)检察公益诉讼的制度优势

在个人信息权利人迫于现实原因提起民事诉讼动力不足的情况下,应当考虑为相关

① 参见金福海:《惩罚性赔偿不宜纳入我国民法典》,载《烟台大学学报(哲学社会科学版)》2003 年第 2 期。

② 参见:(2014)郴北民二初字第 947 号:法院认为被告某保险公司非法收集、利用原告个人信息,侵害了原告隐私权,依法应承担侵权责任,判令被告某保险公司向原告赔礼道歉并赔偿原告罗某精神损害抚慰金人民币 1 元及通话费 4.54 元,共计 5.54 元。

③ 参见洪浩、赵祖斌:《个人信息保护中检察公益诉权配置的根据》,载《内蒙古社会科学》2020 年第 6 期。

民事诉讼的提起提供外部动力——在损害社会公共利益的情况下，由其他主体提起公益诉讼。其中，由检察机关作为原告提起检察公益诉讼，具有一定的制度优势。

首先，能够解决动力不足问题。虽然从《民事诉讼法》的规定来看，检察机关是提起公益诉讼的"法定殿后机关"，但实践中，作为公共利益维护者的社会组织普遍存在提起公益诉讼动力不足的情况[①]：在消费领域，检察机关提起公益诉讼的范围为食品药品安全，而消费者协会能够提起公益诉讼的案件范围并未被限定，但该领域中由检察机关提起的公益诉讼数量远超消费者协会[②]；无独有偶，在环境领域，提起环境公益诉讼的主要力量也不是相关社会组织，而是检察机关。[③] 可见，在个人信息保护领域，要想解决适格原告提起民事诉讼动力不足的问题，检察机关是更为合适的选择。

其次，能够解决原告举证难问题。一方面，检察机关获取证据材料具有便利性。在个人信息侵权人的行为同时触犯刑法构成犯罪的情况下，检察机关在提起民事公益诉讼时可以利用刑事案件中收集到的证据材料，对案件中的基本信息进行认定。比如，行为人侵犯的公民个人信息数量、涉及的被侵权人人数、侵权人获取的利润等。另一方面，检察机关调查取证具有便利性。在查清案件事实的过程中，由检察机关出面调查取证比单独自然人更为有效。当然，如果立法上能够赋予检察机关在办理公益诉讼案件时的"强制调查取证权"[④]，那么在案件不涉及刑事犯罪因素或者相关事实不属于刑事争议焦点的情况下，检察机关也能依靠强制力保障公益诉讼调查取证的顺利开展。

最后，能够提高行为人的违法成本。在侵权损害赔偿路径下，单独的自然人只能要求行为人赔偿个体所遭受的损失，或者在行为人通过非法利用大量公民个人信息而获得的利益中"析出"个体个人信息所对应的获利，要求行为人赔偿。在受侵害公民普遍提起民事诉讼动力不足的情况下，单独自然人的索赔对于侵权人来说微不足道。但检察机关站在维护社会公共利益的立场上，能够要求个人信息侵权人对其非法收集、倒卖、泄露、使用他人个人信息行为造成的全部后果承担相应的民事责任。在侵权损害赔偿路径下，检察机关既可以选择要求侵权人赔偿其侵权行为所造成的损失，也可以选择要求侵权人返还其所得获利，提升侵权人的违法成本。

四、检察公益诉讼的路径构建

（一）探索个人信息保护领域的可行性

从《民事诉讼法》第 55 条的规定来看，除了"环境污染"类案件与"侵犯众多消费者合法权益"类案件，人民检察院对在履职中发现的"损害社会公共利益"的行为，能够依法

---

① 参见黄锡生、余晓龙：《社会组织提起环境公益诉讼的综合激励机制重构》，载《法学论坛》2021 年第 1 期。

② 参见李浩：《民事公益诉讼起诉主体的变迁》，载《江海学刊》2020 年第 1 期。

③ 参见邓少旭：《论我国环境公益诉讼动力机制的构建路径》，载《环境保护》2019 年第 11 期。

④ 参见汤维建：《公益诉讼的四大取证模式》，载《检察日报》2019 年 1 月 21 日，第 3 版。

提起公益诉讼——《民事诉讼法》在进行肯定式列举的同时,作了概括式的规定,且并未将范围局限化。也就是说,在侵犯公民个人信息的案件中,只要行为人的侵权行为侵犯了社会公共利益,在特定的组织不提起民事公益诉讼的情况下,检察机关就能针对该侵权行为提起民事公益诉讼。因此,由检察机关对侵犯公民信息的案件提起民事公益诉讼有法可依。

2020 年 9 月,最高人民检察院公益诉讼检察厅印发了《关于积极稳妥拓展公益诉讼案件范围的指导意见》,最高人民检察院将"个人信息保护"类的案件视作"顺应公益保护形势发展需要"的"新领域案件",对各地检察机关提起"个人信息保护"类公益诉讼的积极性予以充分肯定。此外,2020 年 11 月,南昌安义县人民检察院对某信息科技公司非法获取、购买、出售公民个人信息的行为提起了刑事附带民事公益诉讼①;2021 年 1 月,杭州经济技术开发区人民检察院对非法倒卖、"共享"公民个人信息案提出了刑事附带民事公益诉讼②,因此,检察机关提起"个人信息保护"类的公益诉讼也具有实践可操作性。

(二)"利益衡量"下的个人信息保护

信息时代下的个人信息具有多重属性,作为人格要素,个人信息不仅具有人格属性,还具有财产属性。与此同时,大规模、多样化的个人信息也是公共管理、企业转型升级的资源池。因此,个人信息利用与保护的"利益衡量"成为相关立法的基础③——如何将自然人对个人信息的控制权利限定在合理的范围内。④《民法典》第 1036 条将"为维护公共利益"而实施的处理他人个人信息的行为视作"合理的个人信息处理行为",但这样的规定过于笼统,实践中较难把握。因此,《个人信息保护法(草案)》对"为维护公共利益"而实施的合理行为作了一定列举⑤,但也只是对特定情形的有限列举。在科技发展变化日新月异的当下,对他人个人信息的处理行为也日益多样化,检察机关在判断一个行为是否属于"合理的利用行为"时不能仅看相关法律是否将其罗列在内,还需要在剖析社会各方的利益诉求的同时寻求衡平之法。

在此,可以尝试将个人信息所对应的社会各方的利益诉求进行类型化的分析。第一,自然人的人格利益与财产利益。个人信息作为精神性人格要素之一,其不仅具有人格利益,还具有财产利益。对他人个人信息的擅自使用,会侵害他人的人格利益与财产利益,因此自然人要求享有对个人利益的支配权利。第二,商业主体的创新发展利益。

---

① 参见:《全省首例个人信息保护民事公益诉讼案件宣判》,载 https://mp. weixin. qq. com/s/s5f_ – nHeOokv-FYSTRQvurQ,最后访问日期:2020 年 11 月 26 日。

② 参见浙江杭州经开区:《对侵犯公民个人信息案提出刑事附带民事公益诉讼》,载 https://www. spp. gov. cn/spp/dfjcdt/202101/t20210128_507924. shtml,最后访问日期:2021 年 1 月 28 日。

③ 参见张新宝:《从隐私到个人信息:利益再衡量的理论与制度安排》,载《中国法学》2015 年第 3 期。

④ 参见高富平:《个人信息保护:从个人控制到社会控制》,载《法学研究》2018 年第 3 期。

⑤ 从《中华人民共和国个人信息保护法(草案)》第 13 条来看,"应对突发卫生事件"、"实施新闻报道"和"舆论监督"都属于合理的适用行为。

在数字驱动型经济中，数据的流通共享是经济发展的基础，如果赋予自然人对个人信息完全的支配权利，会大大提高数据流通的成本，不利于商业的创新发展。第三，科研主体的需求分析利益。科学研究的目的是服务于人类社会发展，通过分析大规模多样化的个人数据，能够有效获知当前社会群体对文化、医疗、科技的实时需求。第四，公共组织的高效管理与服务利益。为提供精准化、规范化的公共服务，公共组织需要对大量的数据进行整合，其中就包括了大量的个人信息。可见，不同主体对个人信息都有不同的“利用需求”，但这些“利用行为”最终能否惠及社会大众，包括个人信息“权利人”，是利益衡量的关键。一般来说，科研主体与公共组织的“合目的性”的“利用行为”，能够让“权利人”获得的利益大于牺牲的利益，对于这样的“利用行为”，不应当划归为民事侵权行为。但由于商业主体的营利属性，对于商业主体的“利用行为”，需要根据行为性质判断是否属于民事侵权行为。该行为是属于最终能否惠及社会大众的带有提供公共服务属性的行为，还是属于仅仅为了提升自身企业竞争力，对公民个人信息的“绑架行为”。因此，检察机关在判断相关“利用行为”是否属于民事侵权行为，以及是否提起民事公益诉讼时，需要兼顾多元化利益，结合“行为主体”与“行为目的”进行综合判断。

（三）侵权损害赔偿标准的选择适用

在认定侵权行为后，检察机关会面临侵权损害赔偿标准的选择。根据我国《民法典》第 1182 条规定，原告可以选择不同的损害赔偿标准，“被侵权人因此受到的损失”或者“侵权人因此获得的利益”。在个人信息保护领域，在肯定个人信息属于人格要素且个人信息具有财产利益的前提下，行为人对他人个人信息的擅自利用，势必会造成他人财产损失，因此，上述两个侵权损害赔偿标准都有适用的余地，但具体在个人信息保护领域应当如何选择适用还需要进一步讨论。

首先，“被侵权人因此受到的损失”的适用问题。一般而言，权利人受到的财产损失既包括直接损失也包括间接损失。在人格要素的擅自利用案件中，被侵权人受到的间接损失主要指的是人格要素上的“价值贬损”，但这并不是个人信息领域常见的损失情形，且需要结合个案情况方能讨论，所以在此仅讨论权利人的直接损失。第一，“授权意愿被忽略”——权利人在一定范围内能够决定是否允许其他主体利用自己的个人信息，但这类损失往往难以计算。第二，“未获得授权许可费”。虽然在姓名、肖像等人格要素侵权领域可以将授权许可费作为损失的替代性计算标准，但在个人信息领域，由于单个主体能够获得的授权许可费较低，目前尚无行业标准可供参考。因此，选择“被侵权人因此受到的损失”的损害赔偿标准障碍颇多。

其次，“侵权人因此获得的利益”的适用问题。在此类案件中，行为人的“利用行为”可以分为对个人信息的单纯倒卖行为与对个人信息的二次加工、使用行为，这两种行为所对应的获利应当采用不同的计算方法。第一，对于单纯贩卖公民个人信息的行为，行为人的获利即为买卖双方的交易数额，不用在交易数额中扣去行为人为实施违法行为所付出的违法成本。第二,行为人为最大限度地获取数据价值,会对获取到的个人信息进行二次加工,利用加工后的数据获取更大的利润。笔者认为,这部分的利润依然是来源于个人信息的获利能力。根据权益归属论,利益内容由权利人专享[①],因此在未获得他人许可的情况下,行为人基于他人人格要素的获利能力而获取的利润,应当归属权利人。[②]行为人二次加工的过程,亦是违法利用他人个人信息的侵权行为,对此部分利润应当予以剥夺。

① 参见王泽鉴:《不当得利》,北京大学出版社 2015 年版,第 179 页。

② 参见李瑞轩:《侵害权益得利的返还制度研究》,载《研究生法学》2016 年第 5 期。

《民法典》侵权责任编中堆放物损害责任的责任主体演变及认定研究

马宇飞 [*]

摘要:在立法尚未确立堆放物损害责任时,司法解释通过类推适用建筑物或者其他设施以及建筑物上的搁置物、悬挂物致害的规定来确定其适用归责,后《侵权责任法》将堆放物损害责任作为物件损害责任的一种特定类型予以规定,适用过错推定原则确定堆放人承担堆放物损害责任;2021 年正式实施后的《民法典》中则沿用此规定并增加堆放物滚落、滑落两种形态。责任主体方面存在由所有人、管理人、使用人向堆放人的演进过程,固然代表立法制度的革新与时代特色,然该条规定存在现实矛盾与立法体系的冲突仍需加以研究。

关键词:堆放物侵权　归责原则　主体演进　责任认定

请求权是德国法学家温德赛由罗马法上的 actio 发展出来的概念,乃要求特定人为特定行为的权利。[①] 就民法中侵权责任而言,基于侵权责任请求权,被侵权人有权请求侵权责任的义务人承担侵权责任,此时侵权责任的义务人应当承担作为或者不作为的特定义务。再细化至堆放物损害责任一类,他人人身权益因堆放物倒塌、滚落或者滑落受到侵害,《民法典》中规定堆放人不能举证证明其没有过错的,推定堆放人存在过错,由堆放人对受害人承担侵权责任。该处责任主体的演变过程、如此确定是否得当及在构成要件、重合性、实践问题三者的拆解、研究、平衡维度中给出责任主体认定建议乃本文后续

---

* 马宇飞,江苏省徐州市鼓楼区人民检察院第五检察部副主任。

① “请求权在权利体系中居于枢纽的地位,因为任何权利,无论是相对权或绝对权,为发挥其功能,或恢复不受侵害的圆满状态,均须借助于请求权的行使。”“请求权在权利体系中居于枢纽的地位,因为任何权利,无论是相对权或绝对权,为发挥其功能,或恢复不受侵害的圆满状态,均须借助于请求权的行使。”见王泽鉴:《民法总则》,北京大学出版社 2012 年版,第 74 页。

所述之重点。

一、侵权责任义务人与堆放物损害责任主体的朴素集合表征

侵权责任的义务人是指因自己或他人的侵权行为依法应当承担赔偿责任的自然人、法人或其他组织，其与侵权行为人并不一定相同，如《民法典》第1188条第1款规定，无民事行为能力人、限制民事行为能力人造成他人损害的，由监护人承担侵权责任，此时监护人为侵权责任义务人。堆放物损害责任的责任主体确定，按照类型、归责原则、特殊规定的不同划分亦有不同。

（一）类型划分的集合

《民法典》中侵权责任依类型划分为：产品责任、机动车交通事故责任、医疗损害责任、环境污染和生态破坏责任、高度危险责任、饲养动物损害责任、建筑物和物件损害责任。

如图1所示，堆放物损害责任属建筑物和物件损害责任一类。以产品责任为例，侵权责任主体为生产者、销售者，或是运输者、仓储者；而在建筑物和物件损害责任中，由所有人、管理人、使用人或者第三人的原因致建筑物、构筑物或者其他设施倒塌、塌陷造成他人损害的，由上述人员承担侵权责任，而其中的堆放物损害责任则由堆放人承担。

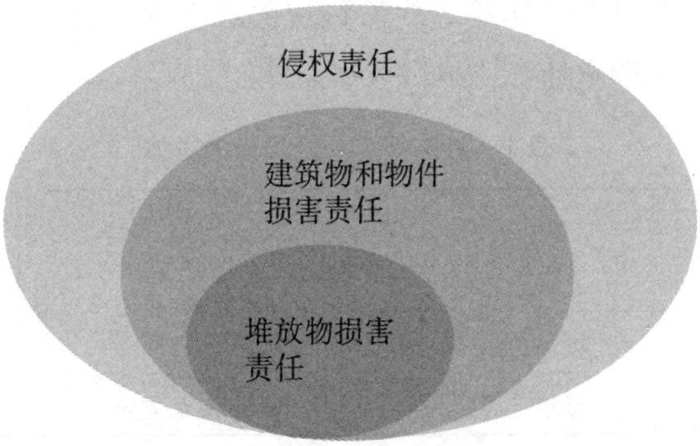

图1　侵权责任包含关系图

（二）归责原则划分的集合

侵权行为的性质是概括侵权责任归责原则的基础，其依据不同学说大致可分为：过错说、违反法定义务说、过错与责任结合说[①]，在此基础上，侵权责任归责原则即是对侵权行为的加害人一方让其承担民事责任所依据的准则或标准。

如图2所示，我国《民法典》侵权责任编中体现的归责原则采取二元论，即过错责任

---

① 笔者赞同过错与责任结合说，侵权行为本质上而言，就是一种行为人因本人的故意或过失而致受害人的合法权利受到损害因而承担相应责任以弥补受害人损失的行为。此种学说，为大陆法系国家所认可，如《法国民法典》第1328条规定："行为使他人受到损害时，因自己的过失而致行为发生的人对该他人负赔偿责任。"

原则和无过错责任原则两种归责原则[①]，一般侵权行为均适用过错归责原则，基于法律的特别规定，推定加害人存在过错而应承担侵权责任的为过错推定原则，但过错推定原则本质上还是对侵权人的过错进行归责，如建筑物、构筑物或者其他设施及其搁置物、悬挂物发生脱落、坠落，建筑物、构筑物或者其他设施倒塌致人损害，堆放物致人损害，均适用过错推定归责原则。

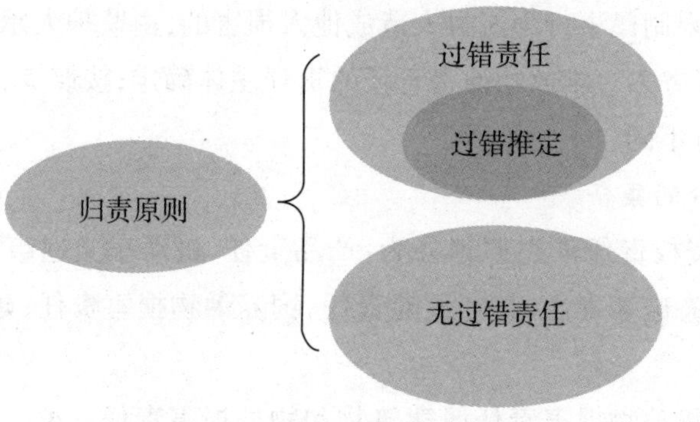

图 2 归责原则包含关系图

（三）特殊规定划分的集合

《民法典》对于责任主体的特殊规定中，与侵权人承担侵权责任不相一致的情况有执行工作任务致人损害、具有安全保障义务的机构内发生致人损害、因劳务造成他人损害等情形，此时由法律规定的责任主体承担侵权责任。

表 1 特殊规定承担责任的主体

行为 / 过错者	单独	共同	混合
第三人	堆放人免责	第三人连带	第三人共同侵权
受害人	堆放人免责	堆放人免责	过失相抵

如表 1 所示，因第三人过错（第三人单独侵权行为、第三人共同侵权行为、第三人与侵权人共同侵权行为）或受害人过错（受害人自身过错、受害人与侵权人均有过错）导致的致人损害情况发生，责任主体均有不同。如堆放物致人损害中，可分为以下几类：一是完全由第三人的过错造成的，则堆放人免责，损害赔偿责任应由第三人来承担，第三人为二人以上的承担连带责任；二是如果第三人的过错行为与堆放人的过错行为相结合而发生损害结果，则依共同侵权责任规则处理；三是若堆放物的损害完全是由受害人自身过

① 《民法典》第 1186 条规定，“受害人和行为人对损害的发生都没有过错的，依照法律的规定由双方分担损失”。该条易被认为是侵权责任的归责原则，但公平责任只是赔偿标准和损害分担问题，并非归责的依据，不能成为归责原则。

错造成的,则堆放人免责;四是如果损害是由双方过错行为造成的,则依过失相抵规则处理。

二、堆放物损害责任的责任主体演变及意义

本文意在探讨排除不可抗力、第三人过错和受害人过错之外的责任主体承担问题,综观堆放物致人损害责任主体的规定,不难发现其演变过程伴随时代印记,相关法律规定的变更亦有其特别意义,当然予以排列对比也是为提出其责任主体应究竟为何的建议做铺垫。

(一)堆放物致人损害责任主体的法律演进

1986年4月12日,我国第一部调整公民间、法人间、公民与法人间财产关系和人身关系的基本法律《民法通则》公布,该法第126条规定,"建筑物或者其他设施以及建筑物上的搁置物、悬挂物发生倒塌、脱落、坠落造成他人损害的,它的所有人或者管理人应当承担民事责任,但能够证明自己没有过错的除外"。[①]

1988年4月2日,最高人民法院审判委员会讨论通过的最高人民法院《关于贯彻执行〈中华人民共和国民法通则〉若干问题的意见(试行)》(以下简称《民通意见》)发布,该意见第155条规定,"因堆放物品倒塌造成他人损害的,如果当事人均无过错,应当根据公平原则酌情处理"。

2003年12月26日,最高人民法院发布《关于审理人身损害赔偿案件适用法律若干问题的解释》(以下简称《人身损害司法解释》),该解释第16条规定,"下列情形,适用民法通则第一百二十六条的规定,由所有人或者管理人承担赔偿责任,但能够证明自己没有过错的除外:(一)道路、桥梁、隧道等人工建造的构筑物因维护、管理瑕疵致人损害的;(二)堆放物品滚落、滑落或者堆放物倒塌致人损害的;(三)树木倾倒、折断或者果实坠落致人损害的。前款第(一)项情形,因设计、施工缺陷造成损害的,由所有人、管理人与设计、施工者承担连带责任"。

2010年7月1日,《侵权责任法》施行,该法第88条规定,"堆放物倒塌造成他人损害,堆放人不能证明自己没有过错的,应当承担侵权责任"。2021年1月1日施行的《民法典》第1255条规定,"堆放物倒塌、滚落或者滑落造成他人损害,堆放人不能证明自己没有过错的,应当承担侵权责任"。

(二)演进的过程及背景

以时间轴为基准,将有关堆放物损害责任主体的相关规定列举如下:《民法通则》→《民通意见》→《人身损害司法解释》→《侵权责任法》→《民法典》,其中有学者认为《民通

① 《民法通则》并无直接规定堆放物损害责任,但实践中该类案件时有发生,通常类推适用第126条,后《人身损害司法解释》第16条直接规定。

意见》中的规定是对归责原则的变更，实践中堆放物发生倒塌、滑落、滚落，通常系由堆放或者管理瑕疵所致，一般情况下堆放人具有过错，只不过该过错受害人难以证明而已，如仅根据公平原则，无法使受害人得到完全赔偿。① 但实际上堆放人和受害人均无过错时按照公平原则处理，与过错推定原则并不矛盾，这符合责任承担的逻辑规则，更不能视为责任主体有所变更。在此基础上，堆放物损害责任主体其实仅经历一次变化，即“所有人、管理人→堆放人”。

（三）演进的意义

类推适用《民法通则》、依据《人身损害司法解释》规定，由所有人、管理人承担堆放物损害责任，而并非行为人（堆放人）。《侵权责任法》在吸收司法实践经验的基础上，将堆放物损害责任作为物件损害责任的一种特定类型予以规定，其将堆放人理解为对倒塌的堆放物享有实际支配和控制权的所有人或者管理人，前后逻辑也更为顺畅，②《民法典》编撰中沿用此规定由堆放人承担堆放物损害责任。

对于堆放物致人损害责任主体的确定，虽《民通意见》《人身损害司法解释》对堆放物损害责任有过规定，但根据法律优先于司法解释适用的原则，上述司法解释与《侵权责任法》规定不一致的，应以《侵权责任法》的规定为准。而《民法通则》与《侵权责任法》中对堆放物致人损害责任规定不一致时，因特别法优先于普通法，故也应以《侵权责任法》的规定为准。后因《民法典》施行，民事单行法律被替代，故堆放物之人损害侵权责任主体依该法规定为堆放人。

三、《民法典》对堆放物致人损害责任主体规定的现实问题

（一）实践矛盾

案例：潘某参加街道社区群众文艺演出队伍，为提高节目质量，组织者孟某向段某借用其准备经营农贸市场的场所（并未对外开放），段某遂拿出钥匙将该场所交由孟某使用。2016 年 5 月 8 日，潘某应孟某召集，为了不影响节目排练进度，又能兼顾照看孩子，遂将未满 10 岁的儿子带至排练场所。排练过程中，潘某之子自行在院内玩耍。因段某准备经营的农贸市场较大，场所内一侧建有简易大棚，棚内有段某存放的钢管、方管，方管在下、钢管在上，二者之间有长方形木条棍平放隔断。潘某之子在玩耍中，被段某堆放在院内的钢管倒塌、滑落砸压致死。事发时，没有其他人员在场，也无现场监控。

案例中，若依据《侵权责任法》（案发时适用《侵权责任法》，现适用《民法典》），因无证据证实存在不可抗力、第三人过错或者受害人过错，故潘某只得向段某主张侵权责任，适用过错推定归责原则，则段某在不能证明自己没有过错时，应当承担侵权责任。一方

① 参见王利明：《侵权责任法研究》（下卷），中国人民大学出版社 2011 年版，第 733 页。

② 参见杨彪：《〈侵权责任法〉中物件致害责任的体系解释与结构分析》，载《法学杂志》2010 年第 3 期。

面,段某将其堆放有钢管的院落借给他人作为排练场所使用,理应意识到该场所的安全隐患将对不特定的人构成威胁,其没有采取妥当的排查、防范措施,负有一定责任。另一方面,反观孟某,其作为活动的组织者和活动期间彩排场所(未开放经营的农贸市场)暂时的使用管理者,在安排他人来此彩排时亦应对场所的安全进行检查,在潘某带其子前来彩排时,并且未成年人单独玩耍前未告知相应风险,其疏于管理亦应承担一定责任。因此,法院判决由段某与潘某承担同等责任的情况下,扩大了段某应当承担责任的范围,而隐灭了当时对场所内堆放物有直接控制权的孟某的责任。

(二)体系矛盾

堆放物损害责任在之前的《民法通则》中没有规定,其第126条为建筑物或建筑物上的搁置物、悬挂物致害责任,从比较法角度而言,鲜有国家仅针对堆放物致人损害的责任进行专门立法规定,但司法实务中,堆放物致人损害案件时有发生,故《人身损害司法解释》特别予以明确。堆放物损害责任与物件脱落、坠落损害责任均规定在《民法典》侵权责任编第十章建筑物和物件损害责任中。在立法尚未确立堆放物损害责任时,《人身损害司法解释》是通过类推适用《民法通则》中建筑物或者其他设施以及建筑物上的搁置物、悬挂物致害的规定来确定其适用规则的。综观《民法典》侵权责任编中对于机动车、饲养动物、建筑物等这类"物"导致的侵权行为,均规定"物"的所有人、管理人等承担责任,而堆放物损害责任却规定为堆放人,是否适当还有待进一步研究。

四、承担堆放物损害责任主体的建议

笔者建议,《民法典》第1255条沿用《人身损害司法解释》当中对损害责任主体的规定,可以解释扩大或者在将来修改完善为"堆放物倒塌、滚落或者滑落造成他人损害,所有人、管理人不能证明自己没有过错的,应当承担侵权责任",其主要基于以下三点:

(一)以侵权责任的构成要件为拆解维度

侵权责任的成立必须具备一定的构成要件,以一般构成的四要件说为例,即须有致害行为、损害事实、因果关系、过错;而堆放物损害责任的成立应有:堆放物的致害行为、受害人的损害事实、致害行为与损害事实之间有因果关系、堆放物品的所有人或管理人有过错四个要件。主观过错,一般是指堆放或管理不当或欠缺,也可能是使用方法不当,均应以过失方式为之,这种过失的心理状态,可以理解为疏忽或者懈怠。① 这里规定的所有人为堆放物品的所有人,是堆放物品致人损害的最直接的赔偿义务主体。当堆放物品的所有人直接占有、管理该物时,该所有人应当承担致人损害赔偿责任;而当堆放物品并非所有人管理、使用时,其赔偿义务主体不再是所有人,而是管理人。对此的理解,主要是考虑占有、管理该堆放物的因素,所有人或者管理人对该物件的支配关系,即当下由谁

① 如果是故意以堆放物品致人损害的,应当是犯罪行为,不再适用该条规定。

控制堆放物的状态,即由谁来承担责任。

(二)以责任主体的重合性为研究维度

《民法典》中沿用了原《侵权责任法》的规定,明确由堆放人作为堆放物损害责任的主体。堆放人,理解为将物品堆放在某处的人,通常情况下,堆放人与所有人、管理人是重合的,但在例外情形下可能发生分离。因违反管理义务是承担物件损害责任的最终依据,只有对物件有管理义务的人才是真正的责任主体,若将所有人、管理人作为指示堆放人或者其他对堆放物负有监督、管理责任的人纳入堆放人范畴,一是字意理解上容易产生歧义;二是非重合情形下堆放人与所有人、管理人不同时,因所有人、管理人未尽合理的告知、检查、监督责任等职责对损害的发生具有过错,如果只能依据《民法典》第 1165 条过错侵权责任一般条款的规定要求其承担侵权责任,则与物件损害责任追究管理义务人的宗旨相违背。

(三)以审判当中的实践问题为平衡维度

实践中的争议点在于,实际堆放人通常为受所有人或管理人指示堆放物品,那么堆放物的所有人或者管理人是否应当承担责任,以及堆放物所在场所由不同的人员管理使用,在此过程中因管理不当造成他人损害,如果机械适用《民法典》由堆放人承担责任,而依据过错推定归责原则,由堆放人证明自己没有过错的,则往往加重堆放人的举证责任,若举证不能的情况下承担责任亦无形中增加其负担。另外,需要注意的是,建筑物、构筑物或者其他设施上的搁置物通常为动产,如果系堆放形成的,也可认定为堆放物,此时存在请求堆放人承担责任和请求物的所有人、管理人、使用人承担责任这两种责任的竞合;如果堆放物损害责任由所有人、管理人承担,则不存在竞合情况,可以直接适用;而确属堆放人造成的损害,依据《民法典》第 1165 条过错侵权责任一般条款的规定要求其承担侵权责任即可。如此则更加直观,实践操作性也更强。

浅议《民法典》继承编之遗产管理人制度

车莲珠　范冬艳　刘治远*

摘要:《民法典》继承编确立了遗产管理人制度。该制度的确立,不仅能更好地保护被继承人的遗产,保障继承程序的顺利进行,还能有效维护相关继承人、债权人利益,避免和减少遗产纠纷的发生。然而,遗产管理人制度尚需在遗产管理人的产生方式、任职资格、报酬等方面在司法实践中不断完善。

关键词:《民法典》　遗产继承　遗产管理人制度

随着我国经济社会的不断发展,财产类型不再单一而是呈现多样化趋势。各类有形或者无形的财产带来的不稳定因素和风险也随之增多。而在继承程序中,往往因为缺少相应的人员对遗产进行有效管理,加剧了遗产损失的风险,直接导致了相关民事纠纷的增多。而《民法典》继承编中增加了遗产管理人制度,正是顺应了时代的发展变化,对于整个继承程序的顺利进行起到了保驾护航的作用。

一、遗产管理人制度的产生背景

在继承的开始到遗产的最终分割、处理时止,为保护遗产同时协调因遗产分配而带来错综复杂的利益关系,防止各方利益分配不均,导致遗产继承纠纷,必须对被继承人的遗产进行妥善管理。遗产管理人正是为实现上述目的,依约定或者法定而产生的自然人、法人或者其他组织。遗产管理人制度即是以相关人员为遗产管理人,由遗产管理人保存和管理遗产,防止遗产受损并保障遗产公平合理分配的综合性遗产处理机制。

* 车莲珠,江苏省连云港市赣榆区人民检察院党组副书记、副检察长;范冬艳,江苏省连云港市赣榆区人民检察院检察官助理;刘治远,江苏省连云港市赣榆区人民检察院检察官助理。

其制度设立的背景是：

（一）遗产类型多样化导致管理难度增大

目前，我国老年人占人口的比例逐年上升，老年人数量的增加直接导致遗产继承案件增多。同时因为我国经济的迅猛发展，公民个人财富除了数量增加以外形式和种类日渐增多。既有有形的财产，也有无形的财产。相比传统遗产的形式，目前多样化的遗产在缺少专业管理人员的情况下，在遗产交割完成前，很可能使部分遗产一直处于无人管理的状态。因为对遗产缺乏妥善的保管，遗产极有可能发生损毁、贬值等情况，会直接影响继承人的权益。即使遗产能够完全在部分继承人的掌控下，但因其管理能力等因素，也会导致遗产处于不完备的保管状态。

（二）遗产遭到隐匿及转移导致不公平分配

在遗产处于无人管理状态下，容易发生部分继承人转移、隐匿遗产，侵害其他继承人、债权人合法利益的情况。在实践中，如果遗产数量巨大且有多个继承人、债权人的情况下，为了使自身利益最大化，常发生互相争夺遗产的情形，直接导致纠纷产生，激化家庭内部矛盾，对和谐友善的社会氛围产生不利影响。面对上述在遗产继承中可能存在的主观及客观因素，有效规范遗产的管理，合理设置遗产管理人已成为符合当前我国社会的现实和国情的必要之选。

二、遗产管理人制度的功能

（一）管理和保全遗产

根据遗产管理人制度，遗产管理人接管遗产，对遗产进行清点、盘存，编制清册，确认遗产的范围和价值。并且对遗产的使用或改良，遗产管理人应尽善良管理人的义务，对不宜保存的遗产进行变卖，使遗产免受侵害和损毁，达到保全遗产的目的。[①]

（二）维护遗产权利人的利益

依据遗产管理人制度的责任分工，遗产管理人在清点统计遗产后，应及时查清被继承人生前所负债务情况，并同时告知相关债权人，必要时可向社会发出公告，要求相关人员在一定期限内申报债权情况。在有遗产管理人介入管理遗产的情况下，保证遗产处理的公正性，同时也有效避免部分继承人对遗产进行转移和隐匿，损害其他相关权利人的合法权益。

（三）实现遗产公平分配

根据《民法典》继承编的相关规定，对遗产的处置应先清偿被继承人生前债务、履行遗赠协议等，剩下的遗产再按照遗嘱的内容或者法定继承进行分配。此套分配程序本就复杂且需要具有专业知识的人员参与运行。在有遗产管理人的情况下，可以极大程度地

---

① 参见陈苇、石婷：《我国设立遗产管理制度的社会基础及其制度构建》，载《河北法学》2013 年第 7 期。

保证遗产可以按照法律规定或者被继承人的意志完成分配,保障遗产实现公平分配的目的。

(四)保障交易安全

因遗产管理人的居中性质,使得原本有利益冲突的继承人之间、继承人与其他遗产权利人之间可以稳定地进行遗产分配。遗产管理人在全面履行遗产管理职责的行为前提下,使各方能够按照法律规定及相关约定进行遗产分配,各方的利益均得以实现。对整体交易安全来说是一种保障,有利于社会经济的发展及整个社会的交易繁荣。

三、《民法典》继承编中关于遗产管理人制度的相关规定

《民法典》继承编中涉及"遗产管理人"制度的条款分布在第 1145 条至第 1149 条,共五个条款,分别涵盖遗产管理人的选任、指定、职责、民事责任及报酬等内容。

(一)遗产管理人的选任或指定

《民法典》继承编第 1145 条规定,继承开始后,遗嘱执行人为遗产管理人;没有遗嘱执行人的,继承人应当及时推选遗产管理人;继承人未推选的,由继承人共同担任遗产管理人;没有继承人或者继承人均放弃继承的,由被继承人生前住所地的民政部门或者村民委员会担任遗产管理人。该法第 1146 条规定,对遗产管理人的确定有争议的,利害关系人可以向人民法院申请指定遗产管理人。鉴于此,遗产管理人的选任与指定采取了"遗嘱执行人担任→继承人推选→继承人共同担任→有争议时由法院指定→无人继承时由民政部门或村委会担任"的顺序逻辑。

值得注意的是,《民法典》继承编对"遗嘱执行人"及"遗产管理人"的概念进行了区分,即被继承人在遗嘱中指定的遗嘱执行人仅是遗产管理人产生的方式之一。"遗产管理人"概念的提出,避免了对遗嘱执行人和遗产管理人两者类似职责的重复规定,更有利于统一解决遗嘱继承及法定继承两种情境下的遗产保存、管理及分配等问题,因此更符合实践需求。

(二)遗产管理人的职责与民事责任

《民法典》继承编第 1147 条简要地规定了遗产管理人的六项职责:(1)清理遗产并制作遗产清单;(2)向继承人报告遗产情况;(3)采取必要措施防止遗产毁损、灭失;(4)处理被继承人的债权债务;(5)按照遗嘱或者依照法律规定分割遗产;(6)实施与管理遗产有关的其他必要行为。

此外,该法第 1148 条规定,遗产管理人应当依法履行职责,因故意或者重大过失造成继承人、受遗赠人、债权人损害的,应当承担民事责任。

(三)遗产管理人的报酬

《民法典》继承编第 1149 条规定,遗产管理人可以依照法律规定或者按照约定获得报酬。但该法未就报酬收取的具体标准进行进一步的细化规定。

四、完善我国遗产管理人制度

(一)遗产管理人的一般产生方式

关于遗产管理人的产生方式,多数国家(例如,德国、日本、意大利)的规定均较为接近,普遍的产生方式包括:

1. 由被继承人指定的遗嘱执行人担任遗产管理人;

2. 没有遗嘱执行人的,则由继承人共同享有管理遗产的权利;

3. 法院根据继承人或遗产债权人等利害关系人的申请指定遗产管理人。

我国《民法典》继承编对于遗产管理人的产生方式根据具体情况也作了相关规定,与其他国家的规定基本一致。

(二)法院指定遗产管理人的情形

遗产管理人的产生,主要目的是保障被继承人的遗嘱得到适当的执行或其遗产根据法律规定进行分配,保护继承人、受遗赠人、遗产债权人的利益得到公平实现,在一定程度上体现的是被继承人的意志以及私权利的保护。因此,就遗产管理人产生的方式,《民法典》继承编以被继承人指定的遗嘱执行人为最优先,在没有遗嘱执行人(应当包含被指定的遗嘱执行人拒绝就职的情况)时,考虑继承人一般是熟悉被继承人情况或被继承人可以信赖的人选,因而规定由继承人共同或其推选的代表担任遗产管理人。

然而,在实践中,不乏因种种原因导致继承人、受遗赠人、遗产债权人之间冲突不断的情形,如遗嘱内容与法定继承人的利益不一致的情况下,继承人发生道德风险隐匿或侵占被继承人遗产;继承人或受遗赠人擅自侵吞遗产侵害债权人利益等情况。由于继承人、受遗赠人、遗产债权人之间利益失衡,相关主体对遗产管理人的确定产生较大争议。此时,利害关系人可以向人民法院申请指定遗产管理人。但在这一情形下,法院如何指定尚未明确规定。结合遗产继承的具体情况,提出如下建议:

一方面,即便在相关利害关系人对于遗产管理人的确定已经产生争议的情况下,法院仍可以根据具体案件的实际情况,指定其认为适合的一名或多名继承人或受遗赠人担任遗产管理人。法院作为司法机关,对于继承相关问题具备更为准确的判断能力,因此其对遗产管理人的指定增加了司法的权威,也便于遗产管理人后续履职。

另一方面,在对遗产管理人的确定发生争议的案件中,由于前期的冲突很可能已经导致相关利益主体之间的不信任及矛盾,为顺利推进遗产的管理及分配工作,法院如指定继承人、受遗赠人、遗产债权人以外的无利害关系第三方作为遗产管理人,或许更易于被相关利益主体接受。如果是专业的第三方机构,在其保持中立地位的同时,在复杂的遗产继承案件中更能发挥其专业能力,有利于各方纠纷的化解。在我国的破产案件中已经形成了成熟的破产管理人指定制度,破产管理人一般为专业的社会中介机构,包括律师事务所、会计师事务所、破产清算事务所等,法院可以根据案件的复杂程度,通过随机摇号或者竞争方式,从有资质的中介机构中指定管理人。因此,遗产管理人制度不妨对此予以借鉴。

关于专业机构的选择，结合继承案件的具体特点，我们认为可以考虑以下主体：

1. 律师事务所等专业中介机构。首先，律师事务所等中介机构在法律、财会等方面具有一般人无法比拟的专业化水平。其次，目前律师事务所等相关机构已经具有从事继承相关业务的经验。最后，相关专业中介机构均有上级行政主管部门或者行业协会对其从业行为进行监管，保障了中介机构的公信力。在部分英美法系国家，部分被继承人会直接指定律师等专业人士作为遗嘱执行人，部分作为遗嘱执行人的非专业人士也会聘用律师或遗产管理的专业人士并寻求指导建议。[①] 聘用职业律师等专业化人员担任遗产管理人的方式在很多国家已成为主流趋势。对于遗产种类呈现多元化趋势的情况，遗产管理工作专业化的必要性也会越发突出，无论是在涉及地域范围广的跨境遗产继承，还是专业化性质强的股权继承、知识产权继承等，具有法律、财会、税务等专业化背景的中介机构，都是继承人保障自身权益最适宜的选择。

事实上，我国已有律师事务所担任遗产管理人的先例见诸报端。2019 年，四川的一家律师事务所接受继承人的委托担任了遗产管理人，并借鉴域外立法经验及破产管理人制度的有关流程进行了遗产的清产核资，召开了第一次利害关系人会议，还代表被继承人就遗产所涉债权债务关系出庭应诉。

就上述专业机构担任遗产管理人的人选问题，也可借鉴我国破产管理人制度，由法院或行业协会建立遗产管理人名册，通过自愿申报与筛选考核，让具备相关专业背景的律师事务所等中介机构进入遗产管理人名册，并定期对其进行考核，实现遗产管理人的专业化与规范化。

2. 公证机构。根据《公证法》的有关规定，公证机构可以办理“保管遗嘱、遗产或者其他与公证事项有关的财产、物品、文书”。公证机构作为公益性、非营利性法人，具有独立、专业、公正、长期持续的特征，也是担任遗产管理人的合适人选之一。由于此前法律规定公证遗嘱效力优先的原则，公证机构已经具有处理继承事宜的相关经验。同时在遗产继承过程中，继承权公证又是继承人或受遗赠人获得特定遗产分配的必经程序，而这些程序本就由公证机构完成。[②] 因此，公证机构如被指定担任遗产管理人履行相关职责，存在逻辑上的连贯性及合理性。

（三）遗产管理人的任职资格

所谓遗产管理人的任职资格，是指遗产保管、管理和分配过程中，遗产管理人必须具备的履职能力。根据相关国家及地区的规定，鉴于遗产管理人所从事的事务很可能牵涉复杂的法律问题及程序，因此遗产管理人应当具备相应的任职资格和履行职务能力。

---

① 参见唐红光：《论遗嘱执行人制度》，山东大学 2007 年硕士学位论文，第 4 页。

② 参见胡洋：《〈民法典〉颁布对公证业务开展的影响》，载《法制与社会》2020 年第 35 期。

一方面,遗产管理人必须具备完全民事行为能力,才能有效实施相关法律行为;另一方面,遗产管理人不能负担大额债务或破产。如遗产管理人负有大额债务,从而存在被列为失信被执行人、甚至陷入破产的风险,则其极有可能因被限制出入境或限制特定消费,导致其在处理遗产管理人相关事务时受到客观限制。而且如果遗产管理人深陷债务危机,将不排除其突破道德底线、违背勤勉尽责义务的可能。

因此,在尊重被继承人意愿、维护继承人私权利的基础上,为实现遗产管理人的制度价值,确实有必要对遗产管理人的任职资格和履行职务能力作出明确规定。

(四)遗产管理人的报酬

《民法典》继承编规定,允许遗产管理人收取报酬,但目前尚未就报酬收取的具体标准进行细化规定。因遗产继承过程中有时涉及的问题和情况极为复杂,尤其当利害关系人之间存在纠纷,进而对遗产管理人的确定产生争议,并需要由法院进行指定的情况下,就需要遗产管理人投入大量的时间及精力,才能妥善处理相关问题,化解矛盾。为了对遗产管理人所付出的劳动进行补偿与激励,确有必要对其报酬的收取进行规定。[①]

根据我国目前企业破产案件管理人报酬确定的相关规定,管理人报酬系根据债务人最终清偿的财产价值总额,在一定比例限制范围内分段确定。由于财产价值一定程度上体现了案件的复杂程度及管理人需要投入的工作时间,因此这一计算方式存在合理性。对于遗产管理人而言亦是如此,故笔者建议按照遗产价值的一定比例计算遗产管理人的报酬。

① 参见柯直、俞琴:《〈民法典草案〉"遗产管理人制度"的修改建议及理由》,载 mp. weixin. qq. com,最后访问日期:2021 年 4 月 10 日。

检察实务

污染环境罪中处置行为的认定疑难与法教义学分析

远桂宝　周　杨*

摘要：排放、倾倒和处置是《刑法》规定的污染环境罪的三种独立行为方式，三者之间既无交叉关系，更不存在包含关系。刑法立法对处置行为缺少规定，而司法解释对处置行为的规定模糊和混乱，更不涉及概念性界定。虽然行政法对处置行为有明确的界定，但是由于刑法与行政法的定位不同，处置行为的认定不能照搬行政法。从法教义学分析，污染环境罪中处置行为在表现形式上是兜底性的污染环境行为；在行为方式上是将有害物质置于外环境的污染环境行为；在危害后果上是造成环境严重污染的行为。

关键词：处置行为　疑难　法教义学

一、问题的提出

排放、倾倒和处置是《刑法》规定的污染环境罪的三种独立行为方式。排放和倾倒具有概念上的明确性和外延上的封闭性，而处置具有概念上的模糊性和外延上的开放性，所以在司法实践中对排放和倾倒的含义理解已经达成共识，对处置行为的具体认定存在较大分歧，出现了混淆模糊的现象，具体表现为以下几个方面：

（一）解释之乱

司法解释是对刑法文本的细化，具有指引司法认定的功能。2016 年最高人民法院、

---

* 远桂宝，江苏省南通市开发区人民检察院第一检察部检察官助理；周杨，江苏省南通市人民检察院第四检察部副主任。

最高人民检察院发布《关于办理环境污染刑事案件适用法律若干问题的解释》,该解释虽然解决了污染环境罪法律适用的不少模糊问题,但是在涉及处置行为的规定上依然存在多处的混乱之处。其一,虽然该解释的第 1、6、7、16 条涉及对处置行为的解释,但始终没有对处置行为进行概念化界定。其二,从文义解释的角度来看,第 6、16 条对处置行为进行了"造成环境污染"的附带性条件规定,但另外两条并未规定附带条件,造成了实践中对处置行为认定条件的争议。其三,该解释中的"处置"并未严格区分其与"排放""倾倒"行为的关系,然而该解释第 16 条却将其表述为包含关系,即"处置"行为中存在"排放""倾倒"行为,将刑法规定的并列关系解释为包含关系,超出法律文本应有的含义。其四,该解释中"处置"一词的使用不严谨和不规范。该解释第 6 条将收集、贮存、利用危险废物解释为处置,但在第 6 条和第 7 条中又出现"处置"一词,形成用语的不规范。

(二)理论之乱

学界对处置行为的解释存在截然不同的两种观点,从处置行为所覆盖的范围来看,主要存在"扩大说"和"限制说"。"限制说"认为处置行为应当是与排放、倾倒行为是具有同等程度的违法行为,因而对社会危害性来说,三者应当相当。该学说是建立在污染环境罪是一种包含严重危害可能性的特殊实害犯的观点之上的。"严重污染环境"是构成要件之一。无论是排放行为,还是倾倒行为,抑或处置行为都必须造成"严重污染环境"的后果。排放、倾倒是直接将有害物质与外环境接触的行为,因而理所当然会造成环境的污染。处置行为也必须是将有害物质置于外环境且造成环境严重污染的行为,只有这样处置行为对环境的危害,才能与排放、倾倒有害物质的危害相当。"扩大说"认为"处置"行为的违法程度要低于排放、倾倒行为,对"处置"应当作扩大解释。虽然《刑法》第 338 条将排放、倾倒和处置行为并列规定,但是处置行为仍然排在最后,说明其社会危害性程度要小于排放和倾倒行为。排放和倾倒行为对环境的污染后果是直观的,处置行为对环境的危害往往存在多种因果关系,因而危害后果并不直观。上述司法解释第 6 条将处置危险废物与收集、储存、利用危险废物相并列,没有理由要求处置行为的危害性要大于前三种行为。污染环境罪保护的法益不仅是环境,还有环境管理秩序,处置行为对环境管理秩序的危害,也是应当考虑的因素。要求处置行为具有与排放、倾倒行为对环境相当的危害性,必然会大大缩小处置行为的范围。

(三)实践之乱

司法实践中对同类型案件"同案不同判"的问题突出,比较典型的就是对于企业无证在厂区、仓库、车间等特定空间内实施的对电瓶、电路板等危险废物实施的拆解行为定性不同。部分办案机关认为这些处理行为并没有将有害物质置于外环境中,并未侵害环境法益,更没有造成严重的危害后果,这样的处理行为不应当评价为刑法上的处置行为。部分办案机关认为环境管理秩序也是污染环境罪所保护的法益,无证处置危险废物,侵犯了环境监管秩序,应当定性为污染环境罪的处置行为。

二、污染环境罪侵犯的法益——厘清处置行为的前提

弄清楚污染环境罪所侵犯的法益是厘清处置行为的前提和基础。法益侵害是解释处置行为的实质性标准。只有在法益保护目的的指导与制约下对处置行为予以实质解释与判定,才能使认定的结论符合刑法规定该犯罪行为所追求的法益保护目的。“法益是指根据宪法的基本原则,由法所保护的客观上可能受到侵害或威胁的人的生活利益,其中有刑法所保护的人的生活利益,这是刑法上的法益。”[①]简言之,刑法法益就是刑法所保护的人的生活利益。污染环境罪所侵犯的法益是近年来理论界讨论较为激烈的问题,但是理论上的争议并不代表司法实践中就无所遵循。

第一种观点认为是公民的生命、健康和公私财产安全。此种法益是与作为典型结果犯的“重大环境污染事故罪”相适应的,其入罪的前提条件为“造成重大环境污染事故,致使公私财产遭受重大损失或者人身伤亡的严重后果”。从法条来看,即便是环境污染造成了重大生态环境破坏,但只要没有造成公私财产或人身伤亡的严重后果就不构成犯罪,不能适用重大污染环境罪予以处罚。就其深层次原因来看,这是因为1997年《刑法》规定的重大污染环境事故罪否定了环境资源的相对独立性,因而带有浓厚的人类中心主义色彩。环境问题中复杂漫长的因果关系决定了该种观点不利于环境的保护。

第二种观点认为是环境管理秩序。污染环境罪是《刑法》第六章“妨害社会管理秩序罪”中的罪名,从其立法目的来看,污染环境罪侵害的是刑法所保护的环境管理秩序。该种观点没有根据环境犯罪的本质深入挖掘环境犯罪的客体内容,尚未触及该罪的本质。环境类犯罪是典型的行政犯。行政犯具有行政违法和刑事违法的双重属性。从法理上看,行政违法与刑事违法的行为表现具有同一性,其区分界限在于社会危害程度的差异,两者存在根本性质的不同。环境管理秩序说浮于问题的表面化,没有从深层次区分行政不法与刑事不法。这是因为“行为仅侵害行政管理秩序时,即使在行政法上被认为侵害了公法益,但如果没有最终侵害个人法益的,就只是行政违法行为,而不可能成为犯罪行为”。[②]

第三种观点认为是环境权。环境权是20世纪60年代随着环境危机的相继爆发,依据宪法基本人权保障规定引申出的一种新兴权利形态。[③] 从国外来看,关于环境权的主体、内涵、概念上还存在较大的争议,尚未形成定论。从国内来看,无论是作为我国根本大法的《宪法》,还是作为环境基本法的《环境保护法》都没有环境权的相应规定。一方面是由于环境权存在争议,尚未形成定论。另一方面是由于一个罪名所侵犯的法益归根结底是由这个国家所处的发展历史阶段所决定的。把环境权作为环境类犯罪所保护

---

① 张明楷:《法益初论》,中国政法大学出版社2003年版,第167页。

② 张明楷:《避免将行政违法认定为刑事犯罪:理念、方法与路径》,载《中国法学》2017年第4期。

③ 汪劲:《环境法学》(第3版),北京大学出版社2014年版,第61页。

的法益超越了当前我国所处的社会主义初级阶段。将一个内涵与外延都不明晰的环境权作为环境犯罪所保护的法益是相当危险的，必将使污染环境的司法适用陷入混乱状态。

第四种观点是环境法益说。刑法规范本身设定的罪状是对具体犯罪侵犯法益内容界定的基本依据。1997 年《刑法》第 338 条是重大污染环境事故罪。只有人身、财产等法益因污染环境行为受到侵害的，才能予以刑事处罚。反观《刑法修正案（八）》之后的污染环境罪的罪状，"严重污染环境"是本罪的构成要件，污染的对象是环境，行为指向的也是环境。"'环境'本身成为犯罪的对象，标志着环境法益成为中国环境刑法立法的基石"。[①] 环境法益的确立对污染环境行为入罪不再限于对人身法益和财产法益的侵害，体现了立法者对环境法益的重视，更体现了环境法益的独立价值。这种修法理念的转变也体现在了刑事司法实践中。《刑法修正案（八）》之后关于污染环境罪的新的司法解释也是基于环境法益的独立性，将"严重污染环境"这一要件的情形多样化，规定了隐蔽性排污、超标排放特定污染物、特定区域环境污染等侵害环境本身的情形，这些情形都不再限于对人身法益和财产法益的侵害，凸显了环境法益自身的独立性。环境法益的确立是符合我国当前社会发展阶段的定位的，在经济发展与大众健康之间实现了平衡，有利于人类社会的可持续发展。

三、污染环境罪中处置行为的认定不能照搬行政法

刑法和司法解释虽然没有对处置行为进行概念界定，但是相关环境立法和规章中已经有了明确界定。刑法对处置行为的界定当然不能照搬行政法，但是对刑法中处置行为的界定仍有参照意义。这是因为刑法在整个法律体系中的基本定位和基本角色是保障法和最后法，刑法与行政法并非并列关系，而是保障与被保障关系，刑法并不创造规则，刑法规范只是告诉人们不能做什么，而不告诉人们应该做什么。行政法才是提供行为规则的法律，刑法的使命就是保障这些规则的落实和贯彻。《固体废物污染环境防治法》第 124 条第 9 项规定，"处置，是指将固体废物焚烧和用其他改变固体废物的物理、化学、生物特性的方法，达到减少已产生的固体废物数量、缩小固体废物体积、减少或者消除其危险成分的活动，或者将固体废物最终置于符合环境保护规定要求的填埋场的活动"。由于该法第 125 条又规定"液态废物的污染防治，适用本法"。可见，该部针对的不仅是固体废物，还包括了液态废物。与此相适应的是，处置针对的对象既包括固体废物也包括液态废物。再如《危险废物经营许可证管理办法》（以下简称《管理办法》）第 31 条第 4 项规定，"处置，是指危险废物经营单位将危险废物焚烧、煅烧、熔融、烧结、裂解、中和、消毒、蒸馏、萃取、沉淀、过滤、拆解以及用其他改变危险废物物理、化学、生物特性的方法，

① 钱小平：《环境法益与环境犯罪司法解释之应然立场》，载《社会科学》2014 年第 8 期。

达到减少危险废物数量、缩小危险废物体积、减少或者消除其危险成分的活动，或者将危险废物最终置于符合环境保护规定要求的场所或者设施并不再回取的活动”。从法律和规章对处置行为的表述来看，行政法中的处置行为有以下突出特征：一是从处置的种类来看，可以分为中介性处置和终局性处置两类。中介性处置，是指对有害物质的减量化和无害化活动，通过一定的方法改变有害物质的物理、生物、化学特性，以实现有害物质的数量、体积的减少或毒害性的降低，并不涉及将有害物质排放进入外环境并不再取回的活动。终局性处置，是指将有害物质与外环境直接接触并不再取回的终局性活动。这两种处置对环境的影响差异悬殊。终局性处置涉及有害物质进入外环境，中介性处置行为一般是在特定空间内进行的，所以终局性处置对环境影响很大，而中介性处置相对影响较小。二是从处置的目的来看，行政法中的处置目的在于有害物质的减量化和无害化，并不涉及有害物质的资源化。这是因为《固体废物污染环境防治法》将处置行为和利用行为进行了并列式的规定，两者性质存在根本不同。该法第 124 条第 8 项规定，“利用，是指从固体废物中提取物质作为原材料或者燃料的活动”。可见，利用是对有害物质的资源化活动。但是刑法中的处置行为是包含部分利用行为的。这一点可以从司法解释起草参与者的解读中得到证实。《〈关于办理环境污染刑事案件适用法律若干问题的解释〉的理解与适用》指出：“司法实践中，对于非法处置危险废物的认定，特别是处置危险废物与利用危险废物之间的关系，存在较大认识分歧。经研究认为，利用本身也是一种处置行为，但核心在于判断是否造成环境污染。”

四、污染环境罪中处置行为的法教义学分析

（一）在表现形式上，是兜底性的污染环境行为

排放、倾倒、处置是《刑法》第 338 条明文规定的三种行为方式。由于三者是并列关系，因此从同类解释的角度来看，处置是与排放、倾倒侵害法益相当的行为，从体系解释的角度来看，三者各自的内涵自然不能发生重叠。排放，是指将有害物质直接排入环境的行为；倾倒，是指将有害物质通过运载工具等转移至他处排入环境的行为。倾倒与排放的区别在于其对有害物质的排放通过了运载工具的转移。可见，排放和倾倒的内涵是清晰的，所以其语义范围具有封闭性，两者所指的范围显然不能囊括所有、甚至大部分的严重侵害环境法益的刑事违法行为，还需要一个具有兜底性质的词汇。根据《现代汉语大词典》对处置的解释，处置有处理、安置、惩治、发落的意思，其中作为含义之一的处理的语义外延就已经非常宽广，人类所有与有害物质发生关联的行为，从有害物质的产生到最终归宿，几乎涵盖了一切围绕有害物质发生的行为，都可以视为处理，进而视为处置。收集、贮存、买卖、运输、利用、买卖、排放、倾倒等都在其语义射程之内。可见，处置含义的模糊性和多义性，能够发挥着“等”这一兜底性条款的功能。处置语义范围的开放性，能够把现实生活中不断出现的新型污染环境行为纳入刑法规制的范围，能够很好地

消除刑事立法的稳定性与刑事司法的变动性之间的矛盾。所以,从立法技术的角度来看,处置行为的表现形式是排放、倾倒行为以外的环境污染行为。

(二)在行为方式上,是将有害物质置于外环境的行为

因为处置在表现形式上是除排放、倾倒以外的环境污染行为,其本质上也是一种污染环境的行为。只有污染物进入外环境,才可能污染环境。排放和倾倒包含着污染物进入外环境这一应有之义,但是处置行为并不一定导致污染物进入外环境中。根据同类解释原则,未进入外环境的处置在违法性上与排放、倾倒不具等价性,因此不是此罪中的处置行为。处置与倾倒、排放的危害相当性体现在其污染物也进入外环境。1997年《刑法》第338条规定的重大环境污染事故罪将土地、水体和大气划定为三个具体的保护对象,因而在罪状中有"向土地、水体、大气排放、倾倒、或处置"的描述,也就是排放、倾倒、处置的对象是"土地、水体、大气"。《刑法修正案(八)》将《刑法》第338条"重大环境污染事故罪"罪名修订为"污染环境罪",同时在罪状描述中删除了"处置"有害物质的指向:土地、水体、大气,结果在司法实践中被误解为对"处置"有害物质不再有具体指向方面的要求。《刑法修正案(八)》的立法说明,特别强调:"《刑法修正案(八)》删去了原来条文中规定的排放、倾倒、处置行为的对象,即'土地、水体、大气',这只是文字修改,使条文更简练,实际上,排放、倾倒、处置行为的对象,通常情况下仍然是土地、水体、大气。"①可见污染环境罪中的非法处置仅仅包括"有害物质进入外环境的处置",而不包括"有害物质未进入外环境的处置"。

(三)在行为结果上,是造成环境严重污染结果的行为

污染环境罪侵害的是环境法益。对处置行为的解读必须坚持环境法益的实质考量。从立法上看,处置行为的构成是环境法益侵害的具象化,只有严重侵害环境法益的处置行为才能被规定为犯罪;从司法上看,被认定为犯罪的处置行为必须严重侵害环境法益。② "严重污染环境"是污染环境罪的入罪要件,其不仅是对"毒害性"程度的要求,而且是对"处置"行为本身的限定。"严重污染环境"指环境质量的显著降低。这种显著降低是环境质量外在的变化,显著变化本身就是一种结果。因此,污染环境罪是结果犯。作为本罪实行行为的"处置"行为,就需要达到该种程度。这种危害程度的要求起到限制处置行为范围的作用,体现了刑法的谦抑性。严重污染环境是环境法益遭受严重侵害的表征。如何认定"严重污染环境"的结果,一是司法解释有规定的,按照司法解释的规定执行。如无危险废物经营许可证从事收集、贮存、利用危险废物的,以"超标排放污染物、非法倾倒污染物或者其他违法造成环境污染的情形"认定污染环境的严重结果。二是司

① 全国人大常委会法制工作委员会刑法室编:《〈中华人民共和国刑法修正案(八)〉条文说明、立法理由及相关规定》,北京大学出版社2011年版,第177页。

② 侯艳芳:《污染环境罪疑难问题研究》,载《法商研究》2017年第3期。

法解释没有规定的，参照我国环境质量标准体系来认定。2016 年 6 月环境保护部发布了《生态环境损害鉴定评估技术指南（总纲）》，其中，在生态环境损害调查确认部分规定“评估区域空气、地表水、沉积物、土壤、地下水等环境介质中特征污染物浓度超过基线 20% 以上”作为生态环境损害确认情形之一，并把环境质量标准作为其中的基线之一。所以，污染物浓度超过环境质量标准的 20%，可以作为认定环境严重污染的参照标准。

五、结语

污染环境罪中处置行为，是指排放、倾倒以外的将有害物质置于外环境并造成环境严重污染的行为。行政法中处置行为，主要是指有害物质的减量化和无害化，污染环境罪中处置行为却不限于此，所以污染环境罪是行政犯，将行政法中处置行为的含义照搬到处置型污染环境罪中，是对法条的误读。这是因为处置本来就是一个含义丰富的词汇，需要置于具体语境理解其含义。由于对立法的误解，导致司法实践中出现了值得警惕的倾向：将形式上符合污染环境罪的司法解释，但实质上尚未把有害物质置于外环境、更谈不上严重污染环境的行为解释为处置行为，进而认定为处置型污染环境罪，这是应当避免的。

检察视阈下认罪认罚被追诉人上诉问题研究

刘兆东　胡浩然　尚晓晓　卢　静*

摘要：认罪认罚被告人获得量刑减让利益后上诉，检察机关如何应对存在争议。检察实践中，认罪认罚制度公正与效率价值对立平衡点在于被告人的权利保障，检察机关一般应当以量刑根据发生客观变化导致量刑畸轻为由启动抗诉程序，重点由上一级检察机关审查原审认罪认罚被告人权利的保障情况。权利保障到位的，应当提起抗诉树立典型，保障诉讼效率。反之，检察机关应当秉持抗诉谦抑理念，以抗诉错误为由撤回抗诉，通过总结存在的问题形成规范，逐步完善相应配套机制。待未来公正价值得以充分保障后，采裁量型上诉模式，防范滥诉以保障诉讼效率。

关键词：认罪认罚　上诉　抗诉　公正价值　效率价值

一、问题的提出

为实现案件分流，节约司法资源、提升诉讼效率，2018 年《刑事诉讼法》修正后在前期试点的基础上增设认罪认罚从宽制度。自试点到实施以来，认罪认罚被告人上诉率非常低①，绝大多数案件能一审息诉罢讼。然而，认罪认罚案件被告人上诉具备典型的“肥尾风险”②，其不仅具有违背制度效率价值设计初衷之嫌，而且“破窗效应”警示低上诉率存在扩大化的可能，具备消解认罪认罚制度功能的风险。为保障认罪认罚制度功能的实现，一些地方检察机关采取抗诉的形式应对，以期通过剥夺量刑减让福利威慑潜在上诉

---

* 刘兆东，江苏省宿迁市人民检察院副检察长；胡浩然，江苏省宿迁市人民检察院法律政策研究室副主任（主持工作）；尚晓晓、卢静，江苏省宿迁市人民检察院检察官助理。本文系 2020 年度最高人民检察院检察应用理论研究课题“检察视阈下认罪认罚被追诉人上诉问题冷思考”的研究成果。

① 最高人民法院、最高人民检察院《关于在部分地区开展刑事案件认罪认罚从宽制度试点工作情况的中期报告》；根据江苏省人民检察院检察业务统一应用系统数据，2019 年度全省认罪认罚被告人上诉率 4.95%。

② 参见[美]伊恩·布雷默、[美]普雷斯顿·基特：《肥尾理论：不确定世界的政治思维》，潘永泉等译，机械工业出版社 2011 年版，第 19 页。

人,但其合法性、正当性等问题引发巨大争议。在检察系统内部也远未达成一致意见,以致不同省份检察机关做法不同,同一省份不同地市之间做法不同,同一地市不同基层检察院之间做法也有不同。[①]

从我国1979年《刑事诉讼法》到2018年新修的《刑事诉讼法》,所确立的上诉制度未发生实质性变化。[②] 上诉权作为被告人的一项基本权利,只要不服一审判决就可以“无理由”启动刑事二审程序。认罪认罚制度历经一年多的推广实施,在被告人上诉问题分歧已经凸显的情况下,2019年10月最高人民法院、最高人民检察院、公安部、国家安全部、司法部《关于适用认罪认罚制度的指导意见》(以下简称《指导意见》)仍未涉及被告人上诉问题。认罪认罚案件被告人获取量刑减让利益后上诉问题,是与“刑事诉讼审级制度所反映的公共政策以及上诉审的程序构造等密切相关的重要理论和实践问题”[③]。如何应对认罪认罚被告人上诉问题,是司法机关尤其是发挥主导作用的检察机关不得不面对的现实问题。从认罪认罚制度深层次的价值对立展开,将良好制度设计和运行置于特定时空条件下的司法环境,运用否定之否定规律,厘清对立观点的分歧及优劣,能够为当下检察实践和未来制度完善提供参考。

二、上诉之否定:以效率价值为核心的正当性展开

认罪认罚从宽制度的确立实施,事实上形成了认罪认罚与不认罪认罚“两种诉讼程序”并存的格局。[④] 同样是刑事上诉案件,均依据《刑事诉讼法》第227条提起上诉,前后两种诉讼程序的被告人上诉问题遭遇差别待遇。详言之,理论上多有限制认罪认罚案件被告人上诉的观点;实务中检察机关“抗上诉”案件常见诸报端。何以认罪认罚案件被告人上诉会引发分歧?限制认罪认罚案件被告人上诉或“抗上诉”有无正当性?其正当性根据是什么?结论先行的意义上,认罪认罚从宽制度的效率价值追求是其内在价值根据;以效率价值为统领的程序性设计是其规范根据。

(一)认罪认罚从宽制度效率价值优先性趋向

在刑事诉讼领域内,一定时期司法资源总量显然难以有较大转变,面对“案多人少”、正规但烦琐的诉讼程序成本高昂等问题,多投多产力求效率极大化显然缺乏现实性,更为经济、理性的选择是产出不变减少投入、投入不变提升产出两种途径。实践中,检察机关认为认罪认罚从宽制度设计目标是解决“司法实践中的迫切需要,实现庭审简化程序,

---

① 参见闵丰锦:《一般不应抗诉:认罪认罚后“毁约”上诉的检察谦抑》,载《河南财经政法大学学报》2020年第3期。

② 参见牟绿叶:《我国刑事上诉制度多元化的构建路径——以认罪认罚案件为切入点》,载《法学研究》2020年第2期。

③ 孙长永:《比较法视野下认罪认罚案件被告人的上诉权》,载《比较法研究》2019年第3期。

④ 参见熊秋红:《“两种诉讼程序”中的有效辩护》,载《法律适用》2018年第3期。

减少法院诉讼负担，提高诉讼效率"[①]；审判机关认为认罪认罚从宽制度设计的目标是建立"程序有效衔接、繁简分流"的层次化诉讼体系。[②] 正是基于效率价值追求的动机，认罪认罚从宽制度获得了法、检两院的认同和推动。[③] 理论上，不少学者也认为认罪认罚从宽制度的核心价值取向为"公正为本，效率优先"[④]，其基本功能在于，提供适用简化程序的正当性根据和动力机制，服务于优化资源配置，是破解"案多人少"难题，提升诉讼效率的措施。[⑤] 不得不说，无论从已颁发的规范性文件，还是实践中和理论上，效率价值取向成为认罪认罚的主流价值依据。[⑥] 但以效率价值并不能直接证成否定上诉的正当性，详言之，上诉客观上相对增加了司法成本，但并非必然意味着对效率价值的悖逆，毋宁说在某种意义上正是效率价值的体现。因而，溯及效率的作用机理，才能真正意义上把握效率价值对上诉的否定。

认罪认罚从宽制度与案件繁简分流之效率价值的内在逻辑关系，有赖于"控辩协商"式利益交换。[⑦] 因为"在按照自愿交易转移资源的地方，我们才可能有理由坚信这种转移包含着效率的增长"。[⑧] 值得注意的是，《刑事诉讼法》及相关试点期间的规范性文件并没有出现"交易"或"协商"等词汇，然而，认罪认罚从宽制度从试点到《刑事诉讼法》立法增设，均将"优化司法资源配置"、"提高诉讼效率"、缓解"司法机关办案压力，实行刑事案件办理的繁简分流、难易分流"、"节约司法资源"等作为最终目标。[⑨] 后续最高人民法院、最高人民检察院、公安部、国家安全部、司法部出台的《指导意见》中，明确要求检察机关提出量刑建议前，应当充分听取辩方意见，尽量"协商"一致，[⑩]则明确了"控辩协商"机制。

（二）效率价值的经济分析

根据波斯纳的理论，诉讼法律制度的目的就是要控制成本，包括诉讼的直接成本与错误成本。正当的法律程序应当是诉讼成本与错误成本的衡量，根据汉德公式，以 B 代

---

① 孙谦主编：《刑事诉讼法修改决定的理解与适用》，中国检察出版社 2019 年版，第 58 页。

② 参见最高人民法院党组成员、副院长张述元在 2017 年全国部分法院刑事审判工作座谈会上的讲话。罗书臻：《贯彻落实贵阳两个会议精神 推进以审判为中心的刑事诉讼改革》，载《人民法院报》2017 年 7 月 26 日，第 1 版。

③ 参见张建伟：《协同型司法：认罪认罚从宽制度的诉讼类型分析》，载《环球法律评论》2020 年第 2 期。

④ 熊秋红：《认罪认罚从宽的理论审视与制度完善》，载《法学》2016 年第 10 期。

⑤ 参见魏晓娜：《完善认罪认罚从宽制度：中国语境下的关键词展开》，载《法学研究》2016 年第 4 期。

⑥ 参见吴思远：《论协商性司法的价值立场》，载《当代法学》2018 年第 2 期。

⑦ 参见张建伟：《协同型司法：认罪认罚从宽制度的诉讼类型分析》，载《环球法律评论》2020 年第 2 期。

⑧ [美]理查德·A. 波斯纳：《法律的经济分析》（上），蒋兆康译，中国大百科全书出版社 2003 年版，第 17 页。

⑨ 参见孟建柱：《完善司法管理体制和司法权力运作机制》、周强：《关于〈关于授权在部分地区开展刑事案件认罪认罚从宽制度试点工作的决定（草案）〉的说明——2016 年 8 月 29 日在第十二届全国人民代表大会常务委员会第二十二次会议上》、最高人民法院《关于全面深化人民法院改革的意见》《关于推进以审判为中心的刑事诉讼制度改革的意见》等文件。

⑩ 《关于适用认罪认罚从宽制度的指导意见》第 33 条第 1 款。

表诉讼保护成本、P 代表错误概率、L 代表错误成本，则当 B > PL 时为正当程序。[①] 虽然汉德公式不可能被量化，但在程序设计上具有重要的定性研究参考价值。因而诉讼程序增设认罪认罚从宽制度的变革中，需要全面统筹成本控制，合理进行资源配置，在保证诉讼目的的前提下，实现诉讼成本的最小化，提升诉讼效率。对于诉讼成本的认识，从波斯纳的直接成本与错误成本的二分法，经德沃金提出道德成本，到贝勒斯将诉讼成本三分为直接成本、错误成本与道德成本，经历了一个认识完善的发展进程。根据贝勒斯的理论，提高刑事诉讼效率就是控制直接成本、错误成本、道德成本最小化。以 DC 表示直接成本、EC 表示错误成本、MC 表示道德成本，则诉讼效率公式则可以表示为：Minimize Sum = Minimize DC + Minimize EC + Minimize MC。[②] 所谓直接成本，即刑事诉讼程序实施所必需的人力、物力、财力、时间等耗费，错误成本，即由于不当追诉或裁判错误所必需的经济耗费；[③]道德成本又称伦理成本，因为刑事诉讼并非纯粹的物质资源流转的经济性活动，还包括精神性的耗费，错误判决必然带来人们对法官甚至司法公信力的消极评价，刑事诉讼成本应当将其容纳在内。直接成本最为直观，人们直接凭借人、财、物等司法资源的节约即可以精准地计算成本的控制，而错误成本和伦理成本则要抽象得多，以至于在成本计算中有被忽视的风险。事实上，对无罪者定罪或对罪轻者定重罪所消费的成本是双重的，一方面浪费直接成本纠正错误，另一方面违背了刑事诉讼人权保障目的，直接损害司法公信力，而修复后者所需要耗费的成本难以估量。控制司法直接成本应当有度，超过限度的节约容易引发错误，为了纠正错误又将导致总成本的增加。

（三）诉讼程序对认罪认罚从宽制度效率价值的保障

认罪认罚从宽制度以"控辩协商"式利益分配动力机制推动简化刑事诉讼程序、提升诉讼效率。标志着传统的对抗型司法模式正在悄然发生变化，渐趋形成一种新型刑事诉讼模式，学者称为"协同型司法""刑事诉讼公力合作模式""刑事诉讼第四范式"[④]。无论采用何种称谓，其核心在某种意义上均为公权力与被告人平等基础上的协同合作。公权力通过简化诉讼程序提升效率，被告人通过放弃部分诉讼权利获得量刑减让优惠。正是在司法效率与诉讼经济原则作用下，认罪认罚从宽制度所内含的经济诉讼程序，通过制造以量刑差为诱因的认罪、认罚，对犯罪嫌疑人、被告人形成了一种结构性强制，甚至形

---

① ［美］理查德·A. 波斯纳：《法律的经济分析》（下），蒋兆康译，中国大百科全书出版社 2003 年版，第 717 ~ 719 页。

② 参见刘晓兵：《刑事程序价值论》，中国政法大学 2006 年博士学位论文，第 121 ~ 122 页。

③ 参见詹建红：《诉讼经济原则的司法实现—— 一种控辩协商合意的制度立场》，载《河北法学》2012 年第 3 期。

④ 参见张建伟：《协同型司法：认罪认罚从宽制度的诉讼类型分析》，载《环球法律评论》2020 年第 2 期；熊秋红：《比较视野下的认罪认罚从宽制度——兼论刑事诉讼"第四范式"》，载《比较法研究》2019 年第 5 期；陈瑞华：《刑事诉讼公力合作模式——量刑协商在中国的兴起》，载《法学论坛》2019 年第 4 期。

成对诉讼效率追求的压倒性优势。[①] 既然如此,作为利益博弈弱势的一方,为控制成本最小化提升诉讼效率,《刑事诉讼法》及相关政策文件、司法解释,将诸多诉讼权利“赋予了最珍视他的被告人”[②]。这些诉讼权利围绕控辩平等协商展开,关键在于保障被告人的权利,保障控辩双方尽可能以“平等”地位,通过“协商”推进诉讼提升效率。

三、否定之否定:以公正价值为核心的正当性展开

公正与效率价值的对立统一关系,实然层面存在上述多种影响公正的因素,片面追求效率虽然直接成本形式上有所降低,但实质上可能导致不公正的结果,与效率价值控制成本最小化的初衷相悖。详言之,虽然通过简化诉讼程序、减少司法资源投入等缩减了直接投入,但不公正的裁判结论可能导致错误成本、道德成本明显上升,为纠正不公正的裁判结果也必然耗费直接成本,司法资源耗费最终倍增。应然层面以效率价值否定被追诉人上诉,被实然层面的以公正为核心的价值所否定。除此之外,尚有其他有利理由支持被追诉人上诉。

第一,法律允许认罪认罚被告人上诉。《刑事诉讼法》增设认罪认罚从宽制度,针对制度实施设计了一系列程序性规定,相关司法解释及政策性文件亦作了细化规定,但对被告人上诉问题未作任何修改,这难道是立法者或司法者的疏忽吗? 刑事司法作为一项社会工程,每一项程序设计背后都有着深刻的社会原因。[③] 之所以对认罪认罚被告人上诉问题不作限制,根本原因毋宁认为是对当前司法环境及其现行配套机制清醒认知下的理性价值衡量。事实上,诉讼人本主义,要求始终将人的权利放在首位,必须克服刑事诉讼立法的“机械化”倾向,即将司法人员假定为被动的按照指令进行诉讼而没有自己需求的人,是一个超然的“神”,大公无私,没有自己的利益,只是以“事实为依据,以法律为准绳”作出裁决的理性人。[④] 基于此,《刑事诉讼法》在规定认罪认罚被告人上诉权利时,充分考虑了当下配套机制、司法环境及司法人员的整体素质水平,对被告人上诉问题没有作出限制。从这个层面而言,认罪认罚被告人上诉是其权利,而且为立法所允许,或言至少是默许。既然是其权利,上诉虽然客观上增加了诉讼成本,但这毋宁是一种必要的价值权衡,从规范层面而言,不能言之为浪费司法资源。那种认为认罪认罚被告人上诉有悖制度设计初衷的观点,显然是孤立的、片面的,认罪认罚制度设计初衷是公正与效率的有机统一,是公正基础上的效率价值追求,而无限制上诉显然是特定时空条件下对认罪

① 参见熊秋红:《比较视野下的认罪认罚从宽制度——兼论刑事诉讼“第四范式”》,载《比较法研究》2019 年第 5 期。

② [美]理查德·A. 波斯纳:《法律的经济分析》(下),蒋兆康译,中国大百科全书出版社 2003 年版,中文版译者序言第 20 页。

③ 参见杜宝庆:《刑事司法价值观透视——实体证实与正当法律程序的法律分析》,载《学术交流》2008 年第 3 期。

④ 参见樊崇义:《刑事诉讼法哲理思维》,中国人民公安大学出版社 2010 年版,第 177 页。

认罚公正机制的必要维护，因而认罪认罚被告人上诉符合制度设计的初衷。

第二，具结协议不具备约束上诉的效力。具结协议是控辩双方协商达成合意的载体，因控辩双方并非对等地位的主体，因而“具结书”并不具备契约性质，仅作为被追诉人愿意承担相应法律责任的书面表示。且刑事诉讼注重探求真实，民事“禁反言”的诚信原则在此适用欠缺合理性、正当性。①

第三，被追诉人上诉并不否定认罪、认罚的“自愿性”。关于认罪认罚“自愿性”的含义，限于篇幅难以展开。简言之，“自愿”应当是指不违背意愿，是与被迫相对意义而言，“如实供述”是对“自愿”的限定，意味着虽然不被强迫而陈述，但陈述的并非事实亦与该制度相违背。从目的价值层面，形式的自愿根本目的是以程序正义保障公民权利，防范效率追求下的因被迫而导致的不正义，从根本上是为了保证正义的实现。认罪认罚之所以获得“从宽”的处遇，不在于其认罪认罚所体现出的特殊预防必要性的降低，而在于提升了司法办案效率，体现了刑罚的及时性，增益了一般预防的效能，通过刑罚实现一般预防的必要性降低。被告人的“自愿”与否，与是否悔罪等表示人身危险性大小的因素无必然联系，不能以“不悔罪”等绑架自愿性，“自愿”根本判断标准是不被强迫。被告人经历了诉讼进程后，通过对证据、法律知识等的深入认知后，实质上可能产生对自己罪行与刑罚不匹配的内心真意。因此，上诉不能否定认罪认罚的“自愿性”。

四、动态平衡：当下检察实践应对及未来展望

蕴含于认罪认罚制度中的公正与效率价值的对立，在被告人上诉问题上集中体现。换言之，效率应然意义上否定认罪认罚被告人上诉，公正实然意义上否定了效率对被告人上诉的否定，公正与效率的对立汇集于对被告人权利的保障，在被告人权利未获得充分保障的意义上，认罪认罚被告人上诉在价值层面和规范层面均具备正当性和合理性。超越权利保障滥用上诉权的行为，因其阙如正当性与合理性而应当被否定。

（一）当下检察实践应对

保障被告人的上诉权绝非纵容认罪认罚被告人的滥诉行为，当前法律背景下，通过抗诉形式树立典型加以正向引导，是化解逆向选择效应的有效途径。既然“无限制”上诉预置了被告人权利被侵害的假设，当被告人权利在被充分保障的前提下上诉，被告人规范上保有上诉权，实质上是上诉权的滥用。此种情况下，基于正当程序不能限制被告人上诉，但被告人上诉违背认罪认罚制度效率价值初衷，其量刑减让优惠实为“不当得利”应当予以剥夺，控方因此获得抗诉的正当理由。问题是检察机关抗诉需要抗诉理由，被告人“不当得利”的量刑减让优惠，是否属于抗诉理由范围？根据法律及司法解释规定，抗诉以第一审判决、裁定确有错误为必要条件。所谓“裁判确有错误”主要包括两个方

① 参见张建伟：《协同型司法：认罪认罚从宽制度的诉讼类型分析》，载《环球法律评论》2020 年第 2 期。

面:一是通常情况下是指实体错误或程序错误;二是特殊情况下是裁判伴随相关证据、事实等的变化而转变成有错误。① 申言之,该两方面错误即有责的错误和无责的错误,前者是违背司法规律导致的实体或程序的错误,后者则是基于认识的局限性、事物发展的客观规律,难以预料不能避免的因素导致事实或量刑错误。剥夺被告人量刑减让优惠,即属于因量刑因素的变化而导致的量刑畸轻。

检察机关抗诉因认罪认罚被告人权利被充分保障后上诉而获得正当性,因此抗诉与否首先应当审查的是被告人权利保障情况。囿于抗诉的期限限制,法定期限内很难完成对认罪认罚上诉案件被告人权利保障情况的审查,且被告人上诉与检察机关知悉被告人上诉间存在一定的时间差,超过抗诉期限检控方丧失抗诉权。为避免形成这种困境,一方面在法定期间内,裁判文书优先送达被告人,送达被告人一定时间后再送达检控方,防止被告人上诉时间晚于检控方抗诉最后期限。另一方面控、审两机关依法建立快速通报机制,对于认罪认罚被告人上诉的案件,快速通报检察机关。通过两项措施保障认罪认罚被告人上诉后,检控方抗诉权的行使。为掌握抗诉的主动权,检察机关收悉认罪认罚被告人上诉后,一般均应作出抗诉应对,重点由上一级检察机关审查对被告人权利的保障。权利保障到位、量刑适当的,综合考量被告人上诉的理由,决定是否继续抗诉:一是空白性上诉、投机性上诉和技术性上诉,因其违背量刑契约具结书归于无效,致使原审据以作出裁判的依据错误,属于因客观因素变化而产生的错误,检方获得抗诉的正当性。二是有合理理由的上诉,但确实系基于对上诉理由的认识错误,上诉理由实质上并不成立或与其犯罪事实和刑罚无涉,经释法说理后,被告人撤回上诉的,一般不予抗诉;被告人仍然继续上诉的,一般应予抗诉以剥夺量刑优惠。三是上诉理由过于牵强,显属滥用上诉权的,应当通过抗诉剥夺量刑减让优惠。权利保障不到位,可能侵害了被告人诉讼权利的,应当一律撤回抗诉。值得说明的是,一般性的抗诉不会增加"讼累",毕竟是被告人自陷不确定风险之中,以抗诉形式增加权利保障审查,实质上是为被告人权利保障增加一层过滤网。同样也不会因此相对消耗更多的司法资源,因为除了自行决定抗诉外,检察机关一般也会审查认罪认罚上诉的合理性,最终不过是消耗了同样的司法资源。一般性的抗诉,能够"引导被告人尊重认罪认罚的承诺,防范滥诉、减少非必要二审程序,促进认罪认罚的良性运行"②,彰显了威慑效力。效率的价值追求决定了绝不允许肆意侵夺效率,对于滥用权利违背效率的应当剥夺量刑减让优惠。对于抗诉审查过程中发现的被告人权利保障不到位、侵害被告人权利等认罪认罚程序落实不完善的情况,检察机关总结经验和教训,各个击破形成规范性文件,规范各级检察机关依法全面落实认罪认罚制度,更加注重正当程序。推动认罪认罚配套保障机制逐步完善,为未来合理限制被告人

① 参见孙长永、冯科臻:《认罪认罚案件抗诉问题实证研究》,载《西南政法大学学报》2020 年第 4 期。

② 苗生明:《认罪认罚后反悔的评价与处理》,载《检察日报》2020 年 2 月 20 日,第 3 版。

的上诉权保障司法效率奠定基础。

（二）关于未来合理限制上诉的展望

从发展趋势来看，对认罪认罚被告人的上诉权进行合理限制，“既符合制度设计的初衷，也符合以审判为中心的司法改革趋势和刑事司法规律”①。

首先，限制认罪认罚被告人上诉符合制度设计初衷。既然保障被告人权利的配套机制已经基本完善，随着检察机关量刑建议技术水平提升，量刑得以精准化，结构性风险得以化解有效促进控辩平衡，被追诉人知情权、有效辩护权等各项诉讼权利得以充分保障，整体上足以实质保障公正价值。在公正与效率的对立统一关系中，当公正需求得以满足，效率价值就占据优势地位。如果仍然不加限制被告人的上诉权，被告人得以无限制上诉，既是对控辩合意的肆意践踏使对被告人从宽处罚失去正当性基础，也是对司法资源的浪费，拖延诉讼降低司法效率，最终可能形成逆向选择效应而影响司法公正。

其次，限制被告人上诉符合以审判为中心的司法改革要求。以审判为中心不仅意味着以庭审为中心，而且在一些学者看来，也是要建议以一审为中心的事实认定机制，无限制上诉轻易启动二审程序，势必会削弱一审裁判的稳定性和权威性。限制认罪认罚被告人上诉，实质上体现了“去二审程序中心化”，强调一审程序的定分止争作用。②

最后，限制认罪认罚被告人上诉符合刑事诉讼司法规律。无限制启动上诉程序，既消解了程序简化的效率利益，又违背裁判的稳定性和终局性要求。当前，刑事诉讼改革呈现一审多元化、精细化发展的趋势，遵循“繁者更繁、简者更简”的改革要求，一审“递简”式设置普通程序、简易程序、速裁程序，既是应对案多人少矛盾的必然选择，也是实现司法公正的合理路径。

---

① 孙长永：《比较法视野下认罪认罚案件被告人的上诉权》，载《比较法研究》2019 年第 3 期。

② 参见牟绿叶：《我国刑事上诉制度多元化构建的路径——以认罪认罚发案件为切入点》，载《法学研究》2020 年第 2 期。

附条件量刑建议的必要性和可行性分析

——以破解确定刑量刑建议局限性为切入点

黄志坚　聂婷婷*

摘要:认罪认罚从宽制度的适用中,确定刑量刑建议成为主流,而幅度刑量刑建议逐渐成为补充性的配角。量刑建议书以及具结书作为量刑建议的载体,要体现其对控辩审三方的约束力,需要具备稳定性的基本特性,但量刑情节往往随着案件诉讼的进展而发生一定变化。这些变化常常是具有可预见性却无法提前认定的。为了提高量刑建议的准确度,减少诉后量刑建议的变更调整,可以采取附条件量刑建议的方式,提前对可能产生的影响量刑的因素进行评价。法院判决时,根据附加条件是否成立,选择采纳相应的量刑建议。

关键词:认罪认罚　附条件　确定刑量刑建议

2018 年《刑事诉讼法》修改后,增加规定了认罪认罚从宽制度。虽然司法实践中量刑建议已经适用近十年,也先后出台了若干规范性文件,但是本次修改是量刑建议首次正式入法。2019 年 10 月,最高人民法院、最高人民检察院、公安部、国家安全部、司法部出台的《关于适用认罪认罚从宽制度的指导意见》明确规定,对于认罪认罚案件,人民检察院一般应当提出确定刑量刑建议。而幅度刑量刑建议具有灵活性,在量刑情节可能发生变化的情况下可以提出相对宽泛的量刑建议,赋予法官更宽松的自由裁量权。与之相反,确定刑量刑建议在提高精准度的基础上,限制了法官量刑的裁量空间,但也减少了灵活性。基于破解确定刑量刑建议这一局限性的需求,"附条件"量刑建议应运而生,具有了可行性和实践需求的必要性。

---

* 黄志坚,江苏省南京市人民检察院第一检察部主任;聂婷婷,江苏省南京市人民检察院第一检察部检察官。

一、附条件量刑建议概念的提出

“附条件量刑建议”是指检察机关适用认罪认罚从宽制度办理刑事案件过程中，根据事实、证据在提出确定刑量刑建议的基础上，预先列举后期可能发生的新的法定、酌定量刑情节，在提起公诉时一并提出与之相对应的量刑建议。

在刑事诉讼中首次提出“附条件”概念的领域，是未成年人刑事诉讼中的“附条件不起诉”程序。“附条件不起诉”中对犯罪嫌疑人设定一段考验期、一定条件，责令其限期内履行相关义务的“条件”和作出不起诉决定的“结果”。有学者也提出将“附条件量刑建议”的适用范围扩大到成年人案件。[①] “附条件”量刑建议可以参考该制度，设定限期内履行相关赔偿、和解、预缴罚金等义务的“条件”，以减让刑期、适用缓刑、单处罚金等处理方式为“结果”。

虽然“附条件”量刑建议借鉴了附条件不起诉原理，但二者区别也很明显。除了适用案件范围和处理结果不同外，附条件量刑建议和附条件不起诉的主要区别在于：第一，附带条件的性质不同，前者所附条件主要为法定、酌定量刑情节，或者适用某种刑罚种类、执行方式的条件；而后者为在一定的考验期内遵纪守法，接受教育和矫治。第二，附带条件的约束力不同，前者不要求行为人必须履行相应义务，属于提倡、鼓励性质的条件；后者则要求行为人必须被动遵守相关规定。第三，期限的性质和长短不同，前者属于“宽容期”，给行为人宽限一定时间，在一审判决前考察是否达成相应条件，受审限影响一般期限较短；后者属于“考验期”，长达 6 个月至 1 年。

二、认罪认罚从宽制度背景下附条件量刑建议的必要性和可行性

（一）现实层面：弥补确定刑量刑建议局限性的需求

在我国刑事诉讼制度中，量刑建议制度并非自始即有。以 2005 年检察机关正式开展量刑建议试点为起算点，直至 2018 年《刑事诉讼法》修改时在立法上予以确认，发展演变了 14 年。其中绝大部分时间里，司法实践中幅度刑量刑建议是主流，对确定刑量刑建议不做要求，也不鼓励提倡。直至 2019 年《关于适用认罪认罚从宽制度的指导意见》明确规定，认罪认罚案件中，检察机关一般应当提出确定刑量刑建议，仅对新类型、不常见犯罪案件，量刑情节复杂的重罪案件等，才可以提出幅度刑量刑建议。自此开始，量刑建议的精准化成为办理认罪认罚案件的硬性要求。在认罪认罚程序大比率适用的背景下，确定刑量刑建议逐渐取代了幅度刑量刑建议的主流地位。

幅度刑量刑建议的优势在于可以适应定罪量刑事实情节的复杂性，为事实、证据发生变化留下余地。[②] 确定刑量刑建议的优势则在于提前解决控、辩、审三方对于量刑的争

---

① 参见何挺：《附条件不起诉扩大适用于成年人案件的新思考》，载《中国刑事法杂志》2019 年第 4 期。

② 参见潘申明：《论量刑建议模式的选择》，载《华东政法大学学报》2013 年第 6 期。

议，将行为人对量刑的期望落到一个确定的点上，激励行为人真诚认罪悔罪，也更符合诉讼经济原则。随着司法实践的逐渐深入，确定刑量刑建议的局限性也越来越突出，集中体现在量刑情节、因素的不稳定性影响了量刑建议的稳定性。常见的情形有：

1. 新出现的量刑情节。有的量刑情节在审查起诉阶段没有出现，但是在审判阶段发生了，如有的被告人在起诉后才赔偿完毕、取得被害方谅解、达成和解，又如特定主体在审判阶段履行完毕支付劳动报酬、信息网络安全管理、执行判决裁定等义务等等。如南京市栖霞区人民检察院办理的洪某故意伤害案中，审查起诉阶段被告人尚未赔偿完毕，未获得被害人近亲属谅解，检察机关提出8年至9年的量刑建议。后在法院审理期间，被告人洪某的家属向被害人近亲属赔偿了35万元并取得谅解，检察机关遂书面调整量刑建议，建议判处被告人有期徒刑6年，被法院依法采纳并作出判决。①

2. 预缴罚金。被告人在判决前是否能够预缴罚金，是法院决定是否判处单处罚金的重要因素之一。判处单处罚金的判决书中，一般会记载“罚金已预缴”。② 实践中，有许多被告人在审查起诉阶段表示同意缴纳罚金，检察机关据此提出单处罚金的量刑建议，但是到了审判阶段被告人又不能及时预缴罚金甚至拒绝缴纳，法院可能不会判处单处罚金。

3. 社会调查评估报告。社区矫正机构经过社会调查出具的评估报告，不仅反映了其对被告人社会危险性和对所居住社区影响的意见，还在一定程度上代表是否愿意接收该被告人作为社区矫正对象。因此，虽然社会调查评估报告并不是适用缓刑的必要条件，但是对于一些离开户籍地多年、居无定所的被告人，法官考虑刑罚执行问题，在裁判是否适用缓刑、判处管制时，依然会将评估结果作为重要考察依据。对没有收到评估报告的案件，检察机关建议判处管制、适用缓刑的准确度也会受到影响。

当量刑建议确定到一个精确的点时，量刑情节的变化就必然会对量刑建议产生影响。有学者认为，可以通过规范的量刑调节机制，针对审判环节出现新的事实和情节来调节量刑建议。③ 附条件量刑建议则将控辩对于之后可能发生的量刑争议提前解决，弥补了确定刑量刑建议灵活性不足的缺陷。

（二）价值层面：与认罪认罚从宽制度的价值功能相契合

认罪认罚从宽制度的价值功能之一，是以从宽处罚的实体权利和从快从简的程序权利，鼓励涉罪者真诚认罪悔罪，不但减少社会对立面，也节约了司法资源。附条件量刑建议中的“条件”，除了社会调查评估报告不受行为人控制之外，其余绝大多数情节可以通过行为人的积极争取而获得。通过在量刑建议中直观地列明后续的努力可能对量刑产

---

① 参见苏州市区人民法院刑事判决书，(2019)0113号刑初596号。

② 参见苏州市区人民法院刑事判决书，(2019)苏0105号刑初25号。

③ 参见李勇：《量刑建议“精准化”的原理与路径》，载《检察日报》2019年9月17日，第3版。

生的影响,鼓励行为人为争取更进一步的从宽而积极采取相关行动。例如,有的案件涉及经济赔偿,行为人自身虽然具有一定的赔偿能力,但出于不想影响家人等考虑,不愿意穷尽所有方式来筹措赔偿款。虽然这并不影响对其认罪认罚的认定,但是比照已全额赔偿、获得谅解的情形,在量刑减让幅度方面还是有所减少。当行为人看到赔偿到位对量刑建议产生的不同影响时,可以通过利益的权衡,在起诉后继续积极地筹措资金履行相关义务。

量刑建议所附条件的多元化,也可以促使认罪认罚产生更多元化的价值。除了之前所举例子设定的赔偿损失、和解、谅解等条件,实现社会关系的自我修复外,还可以通过设定补植复绿等条件,促使环境修复;通过设定积极执行判决裁定,实现民事裁判定分止争的司法价值;等等。同时,由于不用等待或过于介入相关条件的达成,检察机关审查起诉的效率也能有所提升。

(三)制度层面:与量刑建议精准化的要求相统一

确定刑量刑建议要求就主刑、附加刑、刑罚执行方式乃至罚金提出确定的建议。量刑建议作为凝聚控辩合意的重要载体①,在行为人签署具结书、检察机关提起公诉时,便已固定下来,非因法定原因不得随意更改。尤其是一些重大、疑难案件,量刑建议的制定可能经过了检察长决定或检委会的决议,更不允许检察官自主决定变更。

但是,案件天然存在的不稳定因素会影响量刑建议的准确性,这些不稳定因素往往具有预判的可能性。有预判可能性,却并不代表具有起诉前预先解决的可行性和必要性。为了提高量刑建议的精准度,承办检察官往往需要在审查起诉阶段就密切关注甚至积极促成相关量刑情节的达成,有时需要花费数倍于案件审查本身的时间和精力,却不一定能够在审查期限内实现。如交通肇事案件,行为人正在积极筹措赔偿资金,但可能短期内确实无法全部到位。

到审判阶段,相关量刑情节达成后被告人对量刑建议提出异议,公诉人经审查确实相关量刑情节对量刑产生影响,需要调整时,只能采取两种方式:一是书面调整量刑建议,弊端是要重新制作文书,若是当庭提出,则还可能需要二次开庭,司法资源浪费大;二是在发表公诉意见时口头调整量刑建议,但略显随意,不够严肃和慎重。而且,无论是书面还是口头调整量刑建议,根据认罪认罚的认定判断标准,仍需要听取被告人、辩护人对于量刑的意见,双方对于量刑建议调整的幅度可能还存在争议。认罪认罚案件中的量刑建议是带有公信力的承诺②,如此反复,其精准化的价值作用被削弱。

附条件量刑建议一方面根据当前的事实、情节提出确定的量刑建议,另一方面通过附加条件来提前预判和解决不稳定因素对量刑的影响,虽然在形式上看比单单提出一个

---

① 陈国庆:《量刑建议的若干问题》,载《中国刑事法杂志》2019 年第 5 期。

② 参见杨立新:《认罪认罚从宽制度理解与适用》,载《国家检察官学院学报》2019 年第 1 期。

确定的量刑建议要复杂,但避免了重复性工作和程序反转,实质上进一步增强了量刑建议的准确度和稳定性、权威性,符合量刑建议精准化的要求。

三、附条件量刑建议的形式构建

附条件量刑建议制定方式是:首先根据审查终结时认定的犯罪事实、罪名,列举已具有的量刑情节,提出建议法院判处的主刑、附加刑、执行方式,同时预判在具结后、判决前可能出现的量刑情节,制定附加条件,注明适用条件、履行期限以及刑罚范围、执行方式。附条件量刑建议的初步构想可以从以下几个方面展开:

(一)"附条件"应遵循的原则

1. 比例原则。即附加的条件与达成条件的结果要相适应。各量刑情节的调节比例应符合最高人民法院及各省级法院关于量刑指导意见的规定,保证刑罚的基本均衡。同时,可以根据犯罪性质、情节达成的难易程度、重要程度、社会效果等,适度调整调节比例的高低,尽量做到既可以鼓励行为人,又不超出合理限度。

2. 时限原则。"条件"的达成应具有时效性。根据行为人心理接受度、条件难易度、对量刑调解的幅度等不同情形,对条件的达成规定在某一固定期间或某一时间节点,如可以规定在 7 天内、1 个月内完成,也可以规定在开庭前、判决前完成等。如预缴罚金这类简单易做的条件,可以规定 3 ~5 天的履行期限,而筹措大量资金履行判决裁定或支付工资等,可以给予相对宽缓的期限。

3. 可行原则。可行原则体现在条件内容的可行性和时限的可行性。一方面,不得以无法实现的要求作为附加的条件,如对遭到破坏的环境恢复原状。对于被害人提出明显不合理的赔偿请求的,也不能以被害人的要求为条件,对于积极赔偿损失的依然可以予以积极评价。另一方面,规定的期限也要具有可行性,避免提出明显难以完成的时限。

4. 必要原则。附条件量刑建议应当属于非常态化的量刑建议形式。对于能够在审查起诉阶段查明、达成的量刑情节,应当尽可能在审查起诉阶段完成,而不是以附条件量刑建议为兜底的"口袋",将不确定性统统遗留到审判阶段。如部分案件符合缓刑适用条件的,可以直接建议适用缓刑,不一定要等待社会调查评估结果。仅有确实无法在审查起诉阶段完成的情形,才可以运用附条件的形式进行预判。所附条件也要结合案件实际情况提出具有必要性的条件,不能以广撒网的形式铺排所有情节。

(二)附条件量刑建议的适用范围

附条件量刑建议的范围应当和认罪认罚从宽制度的适用范围一致,即不区分案件类型和刑罚轻重。但是需要注意的是,对犯罪性质和危害后果特别严重、犯罪手段特别残忍、社会影响特别恶劣的行为人,认罪认罚不足以从轻处罚的,甚至建议判处死刑的,要慎重附加从宽条件。

（三）附带条件的类型

附带条件可以分为以下几类：

第一类，化解社会矛盾的条件。如侵犯人身、财产权利类犯罪，对被害方进行赔偿、赔礼道歉，获得被害方谅解或双方达成和解等。条件可以是具体的赔偿数额，也可以是谅解等状态的达成。

第二类，弥补公益损害的条件。如破坏环境资源类犯罪，可以以补植树木、投放鱼苗、海沙回填等修复行为作为条件。也可以考虑引入国外公益劳动的方式作为条件。

第三类，预防再犯的条件。如社会调查评估报告的意见，可以作为是否适合社区矫正的条件。还可以探索通过设置交通法规、安全生产、企业合法经营等方面相关规定的辅导课程，以行为人积极参加学习培训、考试合格作为从宽处罚条件。

第四类，诚实守信的反向制约条件。对于起诉后不再认罪认罚的情形，也可以作为反向从重调节量刑建议的情节。

附带条件达成的结果是对主量刑建议的适当调节，调节的方式也可以采取多种形式：一是刑期、附加刑具体数量的削减或增加，如减少 1 个月拘役，减少人民币 1000 元罚金等；二是刑期、附加刑一定比例的削减或增加，如减少 10% 刑期等；三是刑罚执行方式的变化，如是否适用缓刑、单处罚金等。

（四）配套机制的建设

附条件量刑建议要实现其设计初衷，离不开配套制度的保障。从司法实践出发，可以考虑采取以下几种机制，充分发挥附条件量刑建议的价值作用。

一是完善量刑建议采纳及调整机制。修改后《刑事诉讼法》规定，对于认罪认罚案件，法院一般应当采纳检察机关提出的量刑建议。在该规定得到良好执行的前提下，可以与法院建立进一步的量刑建议调整机制。一方面，法院认为量刑建议明显不当的，应当书面或口头建议检察机关调整。另一方面，检察机关量刑建议中的附条件内容，应当视为对于量刑建议调整的预先决定，对于附带条件出现的情况，法院不需要建议检察机关调整，而直接根据该条件对应的量刑建议调节幅度作出判决。

二是完善量刑建议协商和说理机制。在办理认罪认罚案件时，诉辩双方在量刑协商时不仅要对量刑建议的主体部分协商一致，而且要就附带条件对量刑建议的调节幅度协商一致。量刑协商完成后，检察官在制作量刑建议及具结书时，注明量刑建议的计算方式，罗列各法定、酌定量刑情节以及对基准刑的影响，包括已经认定的量刑情节以及预判可能出现的量刑情节。尤其是列明认罪认罚从宽与否的量刑建议变化，以及犯罪嫌疑人、被告人反悔、上诉的法律后果，增加文书说理性，使得对于行为人的激励更为公开透明，警示其诚实守信。

三是探索预交罚金制度。考虑附加刑执行难的问题，结合公、检、法涉案财物跨部门统一管理的发展趋势，可以探索预交罚金制度。对于需要判处罚金附加刑或可能判处单处罚金的案件,行为人可以预先将一定数量的罚金预备金缴纳到检察机关或检、法共同管理的涉案财物管理中心,在量刑建议中也可以予以体现。

四、结语

刑事诉讼中“附条件”的理念不仅可以运用于未成年人检察中的不起诉,以及认罪认罚从宽制度中的量刑建议,也可以继续拓展至其他情景。如对于不认罪认罚的案件,在提出量刑建议时可以将当庭认罪认罚作为附带条件,激励被告人把握最后的认罪认罚机会。对于犯罪情节轻微的,可以设定在审查起诉期间履行相关义务,作为相对不起诉的条件。也可以参考未成年人检察中的附条件不起诉,规定一定考验期,考验期内遵守相关规范或履行相关义务,考验期结束后作出不起诉决定。总而言之,附条件相关措施在刑事诉讼中的拓展运用,可以进一步调动认罪认罚从宽制度推动社会关系自我修复的积极作用,促进社会治理体系和治理能力现代化。

监察委员会与检察机关办案衔接中的证据问题研究

陈宏成　葛海亮*

摘要:作为国家公诉机关,检察机关是与监察委员会直接对接的司法机关,与监察委员会的办案工作有着非常紧密的联系。监察委员会的案件调查程序属于监察程序,检察机关审查起诉适用刑事诉讼程序,这就要求监察委员会与检察机关之间应加强协作配合,在处理好案件管辖、强制措施等问题的同时,更加注重解决好办案衔接中出现的证据适用、证据转化等问题,以达到"证据确实、充分"的要求。

关键词:职务犯罪　监察证据　证据规则　证据衔接

一、问题的提出

公安机关、国家安全机关等侦查机关的调查程序、与检察机关的办案衔接等均适用刑事诉讼程序,《刑事诉讼法》对前述程序均有详细具体的规定。现行《宪法》明确,各级监察委员会是国家的监察机关,其履行职务犯罪调查职责适用《监察法》的规定,属于监察程序,而不受《刑事诉讼法》的约束。当监察委员会调查完毕,将职务犯罪案件移送至检察机关,并经检察机关审查立案后,案件的刑事诉讼程序才能启动,这就导致监察机关和检察机关之间的衔接问题不适用侦查机关与检察机关之间的衔接机制,那么监察委员会与检察机关如何做好证据适用、强制措施等办案衔接,需要认真研究解决。然而,监察办案与检察办案均是围绕证据展开的,证据是办理案件的基础与中心,证据的"成色"直接影响办案质量,因此对监察委员会与检察机关办案衔接中的证据问题进行研究分析显得尤为迫切和必要。

---

* 陈宏成,江苏省东台市人民检察院党组书记、检察长;葛海亮,江苏省东台市人民检察院检察官助理。

二、监察证据概述

(一)监察证据的概念

监察证据,从字面上理解应为监察机关通过调查获取的证明相关事实的材料。监察体制改革前,行政监察的对象主要是行政机关的工作人员,检察机关主要负责查办国家工作人员职务犯罪。监察体制改革后,国家专设监察委员会,与纪律检查委员会合署办公,依法履行国家监察职能。《监察法》第 11 条规定了监察委员会的职责①,可以看出,监察委员会依法行使的监察权,包含了执纪监督、行政监察与职务犯罪调查等职能,因此监察委员会调查所得的监察证据是一种复合型证据。

(二)监察证据的种类

《监察法》对于监察证据的种类没有给出具体规定,但是可以从相关条文中找到答案。首先,《监察法》第 33 条第 1 款规定:"监察机关依照本法规定收集的物证、书证、证人证言、被调查人供述和辩解、视听资料、电子数据等证据材料,在刑事诉讼中可以作为证据使用",该条通过简单列举的方式,将上述证据确定为监察证据。其次,《监察法》第 20 条规定,监察机关可以要求涉嫌职务违法的被调查人就其违法行为作出陈述,此处应当把被调查人陈述作为监察证据。再次,《监察法》第 26 条规定,监察机关在调查中可以进行勘验检查,并应当制作笔录,由此可以将勘验、检查笔录作为监察证据。最后,《监察法》第 27 条规定,监察机关在调查中可以对专门性问题进行鉴定,鉴定人在鉴定后应当出具鉴定意见,这里应将鉴定意见作为监察证据。另外,在实践中,职务违法和职务犯罪案件中可能存在受害人、被害人的情况,且《监察法》第 21 条规定监察机关在调查中可以询问证人等人员,因此,笔者认为职务违法的受害人、职务犯罪的被害人理应属于"等人员",那么监察证据还应当包括受害人陈述和被害人陈述。

综上,监察证据,包括物证,书证,证人证言,受害人、被害人陈述,被调查人供述和辩解,鉴定意见,勘验、检查笔录,视听资料、电子数据,共八类 11 种证据,监察证据与《刑事诉讼法》所规定的证据种类基本相同,但是监察证据中未包含辨认、侦查实验笔录。笔者认为,明确监察证据的种类不仅可以进一步规范监察机关的取证行为,还可以强化对证据的审查和运用,有助于监察证据能够顺利进入刑事诉讼程序。

三、监察证据规则

(一)《监察法》关于证据规则的规定

《监察法》第 33 条第 1 款规定了监察机关在调查中收集的证据材料在刑事诉讼中可

---

① 一是对公职人员开展廉政教育,对其依法履职、秉公用权、廉洁从政从业以及道德操守情况进行监督检查。二是对涉嫌贪污贿赂、滥用职权、玩忽职守、权力寻租、利益输送、徇私舞弊以及浪费国家资财等职务违法和职务犯罪进行调查。三是对违法的公职人员依法作出政务处分决定;对履行职责不力、失职失责的领导人员进行问责;对涉嫌职务犯罪的,将调查结果移送人民检察院依法审查、提起公诉;向监察对象所在单位提出监察建议。

以作为证据使用,架设了监察证据进入刑事诉讼程序的桥梁,赋予了监察证据对刑事诉讼的准入资格。该条第 2 款规定“监察机关在收集、固定、审查、运用证据时,应当与刑事审判关于证据的要求和标准相一致”,此款规定很好地契合了以审判为中心的诉讼制度改革的要求,明确了监察机关在证据规则方面和审判采取相同标准。该条第 3 款规定“以非法方法收集的证据应当依法予以排除,不得作为案件处置的依据”,明确了非法监察证据的排除规则,与《刑事诉讼法》第 56 条规定的非法证据排除规则采取了同样的处理标准。

《监察法》第 40 条分两款规定了监察证据的全面收集规则和依法收集规则。该条第 1 款规定,监察机关在调查职务违法和职务犯罪时,既收集被调查人有无违法犯罪的证据,也收集被调查人情节轻重的证据,形成相互印证、完整稳定的证明违法犯罪事实的证据链;第 2 款规定,监察机关严禁以威胁、引诱、欺骗及其他非法方式收集证据,严禁侮辱、打骂、虐待、体罚或者变相体罚被调查人和涉案人员,对监察机关调查取证进行严格规范,是对《监察法》第 33 条第 3 款非法监察证据排除规则的补充。

《监察法》第 45 条第 4 项规定了监察机关将职务犯罪案件移送检察机关审查起诉的证明标准,即犯罪事实清楚,证据确实、充分,这点与刑事诉讼除立案阶段(立案阶段的标准为“认为有犯罪事实需要追究刑事责任”)外的各个阶段——侦查终结移送审查起诉、提起公诉、审理裁判都要求达到“证据确实、充分”的证明标准相一致,为监察证据能够在刑事诉讼中审查和运用打下基础。

(二)监察证据规则的合理性

1. 有效节约司法资源。《监察法》第 33 条第 1 款规定了监察证据进入刑事诉讼程序的准入资格,即监察证据无须转化即可在刑事诉讼中作为证据使用。监察机关作为国家反腐败工作的先锋部队、专门力量,其专业化程度较高,对其调查收集证据的能力和证据的证明力应当予以肯定,如果法律法规要求监察证据进入刑事诉讼程序时需要转化,那么一方面将削弱监察机关在深化反腐败工作中的重要作用,不利于构建集中统一、权威高效的中国特色国家监察体制。实践中,被调查人的供述、证人证言等言词证据对于职务犯罪的查办具有举足轻重的作用,尤其是被调查人供述,极有可能随着时间的推移而发生改变供述,甚至翻供的风险,因此监察机关第一时间调查、收集的言词证据稳定性、真实性较高,如果进入刑事诉讼程序时需要转化,让检察机关重新取证,势必将降低言词证据的证明力。另一方面监察证据无法在刑事诉讼程序中直接使用,意味着检察机关将要承担重新调取、收集职务犯罪案件的相关证据,同时要负责对证据进行审查,明显加重了检察机关的负担,极大地浪费司法资源,也与检察机关的国家法律监督机关的地位和属性不相称。

2. 集中体现法治反腐。《监察法》第 33 条第 2 款规定监察机关关于证据的要求和标准应当和审判相一致,这是以审判为中心的诉讼制度在监察机关调查、运用证据过程中的集中体现。坚持以审判为中心是司法公正的保障,只有在以审判为中心的诉讼制度下,司法才可以公正。以审判为中心的诉讼制度要求,任何人只有经过法院的依法审判,才能被定罪,这也称为无罪推定原则,同时,证明案件事实的证据应当经过审判的检验,才能作为定罪量刑的依据。《监察法》通过具体条文肯定了审判是职务犯罪办理过程的中心,调查取得的所有证据都必须经过审查和质证等审判程序,才能作为最终的定案依据,这也是对监察机关不断提高履职能力和履职水平的一种促进,进而提升国家反腐败法治化水平。

3. 充分保证案件质量。《监察法》第 40 条规定了监察机关要全面、依法收集证据,不仅要收集有利于调查认定的证据,而且要收集有利于被调查人的证据,形成环环相扣、完整的证据链,同时要依法调查和收集证据,不得用非法手段向被调查人、证人收集证据,不得做出伤害被调查人和涉案人员人格和身体的行为。监察机关在职务犯罪调查中,最重要的就是做好调查取证工作:第一,调查取证要全面,只有从有罪和无罪、罪重和罪轻两个角度出发,才能保证证明案件事实的证据链是客观的、完整的,才能有利于查明事实真相,从而能够有效避免证据出现瑕疵,形成“相互印证、完整稳定的证据链”。第二,调查取证要合法,监察机关收集证据必须严格按照法定程序进行,不得以牺牲案件质量、侵害被调查人及其他案件当事人的合法权益为代价;证据要经得起检察机关和审判机关的审查。《监察法》坚持了案件质量至上的价值追求,严格规范证据规则,引导监察机关树立正确的证据意识,使调查取得的证据经得起司法机关的审查,经得起历史和人民的检验。

(三)监察证据规则需要改进的问题

1. 证据标准未按案件性质进行区分。监察机关具有执纪监督、行政监察、职务犯罪调查等职能,在调查时采取的调查手段、证据标准等也应有所区别。从《监察法》第 33 条第 2 款的规定可以看出,监察机关收集、固定、审查、运用证据采用的是最高标准,即刑事审判的证据标准,可以有效避免监察证据进入刑事诉讼程序带来的司法资源浪费和证据损耗,确保监察程序与刑事诉讼程序衔接顺畅,让监察证据能够顺利进入刑事诉讼程序。这里并没有区分案件性质,不管是违反党纪、职务违法案件,还是职务犯罪案件,都采用了最高的刑事审判标准,这势必会增加监察人员的办案压力,无形中浪费了办案资源,同时会使监察人员忽略对案件性质的判断,不利于反腐败专业化水平的提高。

2. 非法证据排除规则过于笼统。《监察法》第 33 条第 3 款明确规定了非法监察证据的排除规则,这是刑事诉讼非法证据排除规则在监察程序中的延伸,可以促使监察机关规范调查取证行为,有利于保障被调查人的合法权益,不断提高职务违法和职务犯罪案件的办理质量。但是,《监察法》对于非法证据排除规则的规定过于笼统,对比《刑事诉讼法》第 56 条的规定来看,既未限定适用非法监察证据排除规则的案件类别,也未区分物证、书证等实物证据和证人证言等言词证据的排除标准,这一方面扩大了非法证据排除规则的适用范围,将职务违法案件也纳入其中;另一方面对非法监察证据排除实行"一刀切",未给瑕疵证据以补强的机会,在一定程度上造成办案资源的浪费,同时不利于非法证据标准的统一。另外,非法监察证据实行内部排除,即由监察机关自我排除,还可能导致非法监察证据排除规则适用率不高、非法证据排除效果不明显等窘境。

(四)可进入刑事诉讼程序的监察证据

《监察法》第33条第1款明确规定,物证、书证、证人证言、被调查人供述和辩解、视听资料、电子数据可以在刑事诉讼程序中作为证据使用,同时该款用"等证据材料"对未列举的其他种类监察证据进行了兜底规定。有学者认为,监察证据中的实物证据可以直接作为证据使用,而言词证据应当区分职务违法调查取得证据和职务犯罪调查取得证据,只有职务犯罪调查中取得的被调查人供述和辩解、证人证言,才能直接移送作为证据使用。[①] 还有学者认为,只要是监察机关调查获得的证据都可以在刑事诉讼程序中作为证据使用,不需要区分不同调查程序中所获得的证据。[②] 笔者对于上述观点有不同看法,监察机关作为国家监察机关,不仅办理职务犯罪案件,也办理职务违法案件,因此监察证据包括了监察机关在办理职务违法和职务犯罪案件中调查取得的所有证据。而进入刑事诉讼程序的证据仅限于涉嫌职务犯罪的证据材料,职务违法的证据材料有监察机关内部处置,不需要也没有必要移送给检察机关审查。所以,笔者认为监察机关在职务犯罪调查中取得的实物证据、言词证据均可直接进入刑事诉讼程序,作为证据使用,而不需要进行转化。

四、监察委员会与检察机关办案衔接中存在的证据问题

(一)监察证据移送不够规范

由于监察机关同时具有执纪、行政、犯罪等调查职能,因此监察证据是包括了证明执纪、行政、犯罪等事实的复合型证据,但是只有证明职务犯罪相关事实的证据可以在刑事诉讼程序中作为证据使用。然而在实践中,并非所有职务犯罪案件一开始即以犯罪标准进行调查,一部分案件是以可能违反党纪或者职务违法进行调查的,在调查过程中发现可能涉嫌职务犯罪,转而以职务犯罪标准进行调查。在这一系列过程中,调查所取得的证据既包括有无违反党纪的证据、有无职务违法的证据,也包括有无职务犯罪的证据以及情节轻重的证据。在此情况下,监察机关内部往往缺乏对进入刑事诉讼程序的监察证据进行移送审查起诉前的审核,导致移送审查起诉中的证据出现了非职务犯罪案件相关证据的情况,在一定程度上加重了检察机关的审查工作量,极易对构建高效的反腐败监察体制造成消极影响。

---

① 参见陈光中、邵俊:《我国监察体制改革若干问题思考》,载《中国法学》2017年第4期。

② 纵博:《监察体制改革中的证据制度问题探讨》,载《法学》2018年第2期。

（二）非法证据排除规则适用存在障碍

《刑事诉讼法》第 56 条规定了非法证据排除规则，同时赋予检察机关在审查起诉时发现有应当排除的证据可以依法予以排除的权力；该法第 57 条规定了检察机关发现以非法方法收集证据的情形，应当进行调查核实。实践中，检察机关一般通过讯问犯罪嫌疑人，询问在场人员及证人，听取辩护律师意见，重新进行伤情、病情检查或者专业性、技术性鉴定，调取同步讯问录音录像资料，查阅留置场所体检记录等方法，[①]核查是否存在非法收集证据的情况。但是，监察机关调查职务犯罪案件时具有较强的封闭性，加之监察机关特殊的法律地位和政治属性，检察机关对调查活动所知有限。同时，《监察法》第 41 条第 2 款规定，监察机关应对讯问的全过程进行录音录像，留存备查。从该条可以看出，除了监察机关外，检察机关、审判机关等均无法通过查看讯问的录音录像对证据收集的合法性进行核查。职务犯罪案件对口供的依赖程度较高，如果检察机关无法查看讯问时的录音录像，对有非法取证嫌疑的言词证据的合法性核实工作就会大打折扣。

（三）退回补充调查和自行补充侦查在操作上存在分歧

《监察法》第 47 条规定，检察机关对于职务犯罪案件需要补充核实的，应当退回监察机关补充调查，必要时也可以自行补充侦查。这说明检察机关认为现有调查取得的证据不够充分时，可退回补充调查或者自行补充侦查。实施此项规定需要明确的是将整个案件退回、还是提出具体补充调查的范围。如果是整个案件退回，则被调查人及相关证据都必须退回监察机关，这种做法不仅没有必要，而且浪费司法资源。[②] 第一，如果将整个案件退回，就涉及换押的问题，如被调查人在调查阶段被采取留置措施，案件移送检察机关后被决定逮捕，并羁押看守所，一旦案件被退回补充调查，那么被调查人是否应当重新采取留置措施？第二，如果检察机关在审查起诉阶段发现职务犯罪嫌疑人有漏罪或者案件还有其他同案犯，那么此时检察机关应该退回补充调查还是自行补充侦查？现有法律法规未给出明确答案，需要进行探讨和明确。

（四）对申请调查人员出庭规定不明

《刑事诉讼法》第 59 条规定检察机关可以提请法院通知有关侦查人员或者其他人员出庭，就证据收集的合法性说明情况。这是现行《刑事诉讼法》第二次修正后新增的条款，从立法层面上确立了侦查人员出庭质证制度。监察体制改革前，检察机关办理职务犯罪案件时，侦查部门可以按照该条规定出庭就证据收集的合法性说明情况。监察体制改革后，监察机关负责办理职务犯罪案件，其调查工作并非刑事诉讼的侦查，调查活动只是刑事诉讼前置程序，不适用《刑事诉讼法》中有关侦查活动的规定。[③] 鉴于职务犯罪调

---

① 参见徐汉明、李少波：《〈监察法〉与〈刑事诉讼法〉实施衔接路径探究》，载《法学杂志》2019 年第 5 期。

② 参见杨宇冠、高童非：《论监察机关与审判机关、检察机关、执法部门的互相配合和制约》，载《新疆社会科学》2018 年第 3 期。

③ 参见杨宇冠、高童非：《职务犯罪调查人员出庭问题探讨》，载《社会科学论坛》2018 年第 6 期。

查的高封闭性,调查人员出庭更加有利于审查证据的合法性,同时是监察机关、检察机关、审判机关互相配合在证据衔接上集中体现。但是,《监察法》并未对此问题予以回应。

五、完善监察委员会与检察机关证据衔接的路径探索

(一)加强监察证据移送前的审查

监察机关内部应当对准备移送检察机关审查起诉的证据进行事先审查,可组织检察机关反贪反渎转隶人员等具有丰富职务犯罪案件办理经验的监察人员负责证据审查工作,严格按照刑事诉讼的证据标准,将证明被调查人涉嫌职务犯罪的证据材料按照物证、书证、证人证言、鉴定意见等刑事诉讼证据种类进行整理,同时把证明被调查人违反党纪或者职务违法的证据剔除掉。《监察法》第 38 条规定,监察机关可以对被监察对象涉嫌职务犯罪的线索进行初步核实,对于在初步核实阶段获得的证据材料,监察机关应当坚持审慎的态度,监察机关在对涉嫌职务犯罪立案调查时,对这类证据的来源、效力应当建立审查、判断、采信并转换为涉嫌职务犯罪证据使用的制度,使这些初核材料达到具有刑事诉讼证据要求的适格标准,①以确保监察证据能够顺利进入检察机关审查起诉阶段,提高职务犯罪案件的办理效率。

(二)规范非法证据排除规则的适用

鉴于《监察法》中未对刑事诉讼非法证据排除规则的适用作出明确回应,只规定了监察机关可自行排除非法证据,导致检察机关在适用非法证据排除规则时难以操作。为此,笔者认为,除了对《监察法》第 33 条进行详细规定外,更重要的是转变监察机关对讯问等调查措施的录音录像资料的使用规则。物证、书证等实物证据客观性和稳定性强,不易随着案件办理的推进而失真,而被调查人供述和辩解、证人证言等言词证据会因为主观因素出现反复的情况,同时办理职务犯罪案件时对口供的依赖性较强,因此检察机关在审查职务犯罪嫌疑人供述和辩解等言词证据材料时,发现有非法取证嫌疑情况的,可向监察机关调阅相关录音录像资料,监察机关从打击腐败犯罪和促进办案有效衔接的角度出发,可安排检察机关办案人员在指定地点查阅相关录音录像资料,并做好查阅记录,让检察机关对于言词证据能够作出公正的审查。

(三)完善退回补充调查和自行补充侦查的规定

一方面,监察机关和检察机关应就退回补充调查作出明确规定。笔者建议,检察机关退回补充调查的案件统一由监察机关案件管理部门接收,同时检察机关在退回补充调查提纲中详细列明需要查明的事实、待补强的证据以及相关理由。职务犯罪嫌疑人被羁押的,出于节约办案资源和办案效率的考量,无须换押且检察机关应当事先通知看守所。监察机关因客观原因,通过补充调查仍然无法查清的,在再次移送审查起诉时应当向检

---

① 参见徐汉明、李少波:《〈监察法〉与〈刑事诉讼法〉实施衔接路径探究》,载《法学杂志》2019 年第 5 期。

察机关说明情况。另一方面,由于监察机关是职务犯罪调查的专门机关,对案件情况较为熟悉,因此检察机关需要明确自行补充侦查权的启动情形,综合需要补查的事实和证据、消除双方分歧、确保全面客观收集证据以及案件公正办理等因素,兼顾办案效率和节约办案资源,统筹进行考虑,严格把控检察机关启动自行补充侦查权的标准。另外,检察机关发现犯罪嫌疑人新的犯罪事实或者是遗漏应当移送审查起诉的同案犯罪嫌疑人,应该将案件退回监察委员会补充调查。①

(四)规范调查人员出庭制度

实践中,并非所有证据在经过非法证据排除规则之后,都能达到排除合理怀疑的效果,当一些证据材料出现无法排除非法收集可能性的情形时,就需要侦查人员出庭说明情况。据此,检察机关在审查监察机关移送的职务犯罪案件时,可参照《刑事诉讼法》第 59 条关于侦查人员出庭的规定,对其中穷尽任何手段仍然无法排除非法收集嫌疑的证据,在法庭调查过程中提请法院通知调查人员出庭,就证据收集的合法性问题说明情况,接受法庭质证。但是,如果办理的职务犯罪案件涉及国家机密或其他敏感问题,那么检察机关在申请法院通知调查人员出庭前,应当主动与监察机关进行沟通协商,在征求监察机关的意见后做出妥善安排。监察机关调查人员出庭作证,是监察机关、检察机关互相配合、互相制约的具体体现,既符合以审判为中心的诉讼制度改革的要求,也充分表明了国家大力反腐的决心,有利于构建权威、高效的国家监察体制。

(五)加强职务犯罪案件办理专业化建设

监察机关是办理职务违法和职务犯罪的专责机关,检察机关是国家法律监督机关,两机关均应在办案专业化建设上下功夫、出成效。对于监察机关而言,应将有丰富职务犯罪案件办理经验的转隶人员更多地充实到职务违法和职务犯罪办理部门,充分发挥“传帮带”作用,大力培养职务违法和职务犯罪调查人才,夯实办案队伍基础建设。对于检察机关而言,应配强职务犯罪案件专业化办案团队,健全办案团队内部分工协作机制,进一步明确办案团队内检察官、检察官助理和书记员各自工作内容,同时通过邀请上级检察院的办案能手授课、定期组织集中学习、参加上级检察院组织的专题研讨等方法,不断提升办案能力和办案水平。另外,两机关还应当加强常态化沟通,通过联席会议、案件会诊等共同研究解决案件定性、证据标准、法律适用等问题。

---

① 参见刘凡、刘鑫、王胜利:《监察机关职务犯罪调查与检察机关诉讼衔接机制研究》,载《皖西学院学报》2018 年第 6 期。

检察环节追赃挽损措施实践探讨

吴晓敏*

摘要:近年来,金融犯罪尤其是集资类犯罪高发频发,给金融安全、社会稳定造成严重威胁。追赃挽损是办理该类犯罪的重点和难点,实践中基于涉案资金去向复杂、资产保值难、工作机制衔接不畅等因素,追赃挽损率普遍较低。检察机关应完善法律法规,为追赃挽损提供制度保障;聚焦办案主业,找准追赃挽损工作着力点;加强部门协作,形成追赃挽损的有效合力。

关键词:非法集资　集资参与人　追赃挽损　资产处置

一、追赃挽损工作现状

近年来,非法集资类案件呈快速增长之势,实践中追赃挽损普遍较难。从江苏省办理的案件来看,非法集资案件的投资人均未能挽回损失,个别案件实际损失甚至高达90%。主要存在以下几个方面的原因:

(一)集资周期长,案发时集资款已经被挥霍或者转移

近年来,集资类犯罪多以公司形式出现,欺骗性较强,非法集资往往可持续数年,在无法兑付时才会案发。部分投资者即使已经认清其中风险,但心存侥幸认为短期内不会崩盘,不到东窗事发往往不会主动举报。案发时涉案人员或公司资金链已经断裂,大部分集资款因支付高额利息,或是被行为人挥霍、转移等,案发后往往难以追回,使得挽损措施面临"无米下炊"的局面。

(二)涉案资金流过于复杂,难以查证

案发前后行为人隐匿、转移资产,集资款往往辗转多个账户并被不停拆分、转账,资金流向难以查证。部分资金已经被转移至亲友或第三人账户名下,以开办公司、投资股

---

* 吴晓敏,江苏省人民检察院第四检察部检察官,江苏省张家港市人民检察院副检察长(挂职)。

权、房产等方式“洗白”,违法所得与家庭、公司资金混同。因资产属性存在争议,相关人员即使提出抗辩也较难甄别,继而影响资产的追缴退赔。

(三)资产保值、托管难度大

涉案资产除了银行的存款外,还涉及房产、车辆、股票、钢材、食品、服装等,市场价格波动较大,有些随着时间推移价值必然减损。而集资类案件诉讼程序普遍较长,如何妥善保管资产、减少贬损也是实践中的难题,尤其是对行为人投资购买的商铺、厂房、企业等经营性资产托管难的问题。最高人民检察院、公安部《关于公安机关办理经济犯罪案件的若干规定》明确规定,对不宜查封、扣押、冻结的经营性涉案财物,必要时可以申请当地政府指定有关部门或者委托有关机构代管。但由于缺乏委托代管的操作规则,由谁托管,如何托管,还需要进一步完善举措。①

二、追赃挽损工作存在的问题

(一)法律规定有待细化

我国《刑法》第 64 条对涉案财物追缴、退赔、返还、没收作了原则性规定。② 2014 年最高人民法院、最高人民检察院、公安部出台的《关于办理非法集资刑事案件适用法律若干问题的意见》(以下简称《2014 年意见》)对涉案财物的追缴和处置作出规定,该意见规定,以吸收的资金向集资参与人支付的利息、分红等回报,以及向帮助吸收资金人员支付的代理费、好处费、返点费、佣金、提成等费用,应当依法追缴。集资参与人本金尚未归还的,所支付的回报可予折抵本金。中共中央办公厅、国务院办公厅《关于进一步规范刑事诉讼涉案财物处置工作的意见》规定了涉案财物保管制度、审前返还程序、先行处置程序等。上述法律、司法解释、规范性文件确立了追赃挽损的原则,但责任主体、具体手段、相关程序衔接等,还有待进一步细化。

(二)涉案财物追缴范围存在争议

依据我国《刑事诉讼法》的规定,犯罪物和犯罪所得及其孳息均在没收之列,对于直接向社会公众非法吸收的资金及其孳息予以追缴并无争议,关键是业务员的提成等是否属于应追缴范围。《2014 年意见》明确规定对集资参与人超出本金获利的部分,犯罪嫌疑人支付给涉案公司员工的佣金、提成等收入应予追缴。从法理上看无论是“利息、分红、佣金”等,均来自犯罪嫌疑人吸收资金的违法所得,应当予以追缴。但实践中操作困难,并易引发新的矛盾。具体而言,有以下几个方面值得研讨:

---

① 最高人民检察院、公安部《关于公安机关办理经济犯罪案件的若干规定》第 50 条规定:“对不宜查封、扣押、冻结的经营性涉案财物,在保证侦查活动正常进行的同时,可以允许有关当事人继续合理使用,并采取必要的保值保管措施,以减少侦查对正常办公和合法生产经营的影响。”

② 《刑法》第 64 条规定:“犯罪分子违法所得的一切财物,应当予以追缴或者责令退赔;对被害人的合法财产,应当及时返还;违禁品和供犯罪所用的本人财物,应当予以没收。”

1. 业务员提成。在非法集资过程中,业务员实施了具体的虚假宣传、签订合同、归集资金等行为,对集资过程起到推波助澜的作用。《2014 年意见》对“帮助吸收资金人员”并未加以区分。但实践中,集资团队分层明显,拿固定工资的一般业务员和拿高额提成的“部门负责人、团队经理”等骨干人员的地位、作用不同,获利数额有显著差别。同时业务员人数众多,不少是刚出校门涉世未深的大学生,受公司高层指派从事一定的犯罪行为,参与时间短、获利少,对该部分人员的提成如何处理尚无定论。目前,追赃挽损工作基本还局限于对公安机关已经采取强制措施的犯罪嫌疑人开展,对大多数其他业务员提成的追缴工作基本未开展。

2. 非法集资参与人超额获利部分。对于部分早期参与非法集资的参与人,其所获取的本息早已超出其初始投入的本金,按照司法解释的规定高额获利部分应当追缴,但实践中操作性不强。特别是 P2P 平台中非法集资参与人人数众多,实际获利者往往不会报案。另外,对于如何追缴、追缴主体、追缴范围等未有明确的操作流程,实践中往往无法执行到位。江苏省部分集资案件,侦查机关曾经尝试与先期离场的投资参与人沟通,希望其能退回高额获利部分,但收效甚微。

3. 广告宣传、明星代言等费用。广告宣传对于非法集资起到了渲染的作用,“e 租宝”案件中,不少被害人正是看到了中央台的广告宣传以及明星代言后坚定了“投资”的信心,投入资产,以致受损。对于非法集资过程中产生的相关广告费、明星代言费以及技术服务费是否需要追缴,目前法律尚不明确。

4. 刑民交织问题突出。集资类犯罪涉及法律关系复杂,往往面临刑事程序和民事程序竞合的问题。公安机关查封、扣押、冻结的涉案资产,因涉及其他刑事诉讼、民事诉讼而被法院采取轮候查封、保全措施的情况普遍存在。

5. 违法所得与合法财产混同。如前所述,因行为人吸收资金后通常转移、隐匿资产,违法所得与合法财产常常混同。案发时所查扣的资产不足以退赔被害人财产损失,此时追缴资产的范围究竟如何界定。除了违法所得及其孳息外,对不足弥补被害人损失的部分,是否需要扣押其他财产以最大程度减轻损失尚待研究。

(三)检察机关追赃挽损的措施相对缺乏

检察机关前连侦查、后接审判,查、扣、冻涉案资产在公安,执行在法院。作为中间环节,检察机关追赃挽损的手段相对有限,整体推进的效果欠佳。虽然部分规范性文件规定了人民检察院在资产处置过程中应发挥监督作用,如中共中央办公厅、国务院办公厅《关于进一步规范刑事诉讼涉案财物处置工作的意见》第 15 条规定“人民检察院应当加强法律监督”,但如何落实缺乏更明确的具体措施。

(四)裁判文书对涉案资产的处置缺乏可执行性

由于非法集资案件案发地分散,管辖权存在一定程度的混乱。加之在地方利益的驱使下,各地侦查机关争相立案,分别扣押冻结款物移送至当地法院。但一地法院难以统筹决定全局涉案财物的处理,对涉案财物在裁判文书中只是简单写明“继续追缴”“返还集资参与人”“责令退赔”等,对已经追缴资产的分配方案、继续追缴的措施等提及较少,给后续的案件处理、资产处置埋下隐患。

(五)部门之间协作不够,有待进一步形成有效合力

虽然公、检、法机关与其他职能部门建立了有关工作机制,但围绕追赃挽损的整体布局,仍亟待形成运行高效、协调到位的工作机制。一是司法机关内部衔接不够。如部分侦查机关对异地的关联性案件侦办积极性不够。一方面,因关联性案件案发时间有先后,在有限的办案期限内,侦查机关往往面临本地犯罪事实已经查清,而异地关联事实的侦查工作尚未开展或正在进行中的情况,出于诉讼经济的考虑而先行移送审查起诉。另一方面,考虑办案成本、信访压力等因素,各地侦查机关主要办理在本地案发的相关案件,对办理涉案上下游公司、人员和其他地区的相关线索移送不够积极,导致部分涉案资产不能及时查、扣、冻到位,影响后期的资产处置。二是跨区域案件处置沟通不畅。部分案件资产处置过程中,涉及外地资产的,当地司法机关不愿配合,影响了可作为退赔资产的范围。涉及异地的资产普遍存在各地机关重复轮候查封、交叉冻结的情况,没有形成统一处置资产的机制。三是与行政部门的沟通合作有待进一步实质化。根据处置非法集资部际联席会议办公室(以下简称处置办)牵头起草的《处置非法集资工作操作流程》,“处非”工作由政府主导(一般由地方金融办牵头),目前各地建立了地方处非领导小组或联席会议机制,形成了包括政法委、宣传部、信访局、司法机关,工商、税务等部门于一体的综合协调机制。但这种齐抓共管的方式同样存在责任不够明晰的弊端,尤其是中央与地方金融监管部门之间工作机制尚不够顺畅,地方金融监管部门存在执法依据不足、手段有限,人力不足等现实制约因素,①这在一定程度上影响了监管成效。各部门之间联席会议主要是交流、通报信息、就规范性文件提出建议等,缺乏更有力的刚性措施去推动解决实际困难。

三、相关工作建议

(一)加强顶层设计,完善法律体系和工作机制

针对当前处理此类案件时存在的涉及人员众多、涉案财产处置刑民交叉以及处置责任主体模糊、规定不明确等问题,亟须加强顶层制度设计,制定、完善非法集资案件追赃挽损、涉案财产处置的相关规定。明确责任主体、处置原则、处置资产范围、处置程序等,为追赃挽损工作提供可操作的法律依据。

关于涉案资产处置的主体,建议依据刑事诉讼阶段由相应司法机关负责,同时坚持

---

① 大部分省、市金融办(局)之间工作人员在 30 ~ 40 人,区县基层局只有 10 人左右,转引自王伟:《处置非法集资中的认识误区及对策建议》,见南京建邺区检察院与建邺区政府等联合举办的《第三届金融检察论坛论文集》。

党政主导。具体而言，侦查阶段由公安机关负责涉案资产的清理汇总和信息登记工作，包括集资参与人、投资数额、具体损失数额等相关信息，对涉案资产采取查、扣、冻结强制措施，将信息移送检察院、政府处置办（金融办）。检察机关在审查起诉阶段对涉案资产进行审查，在提审讯问时作为必问事项，在审查报告中专门写明涉案资产追缴处置情况并作出处理意见。进入审判阶段后法院应建立独立的涉案财物审判及判决程序。对于侦查及审判阶段的资产处置，检察机关全程负有监督责任。在具体的资产发还、清退阶段由政府牵头，处置办（金融办）统筹协调，司法机关、信访等部门各司其职、互相配合。关于程序方面建议进一步规范涉案财物处置流程、设立涉案财物权属调查程序、构建合理的先期处置程序等。①

（二）加强调查研究，就资产处置范围形成司法共识

1. 关于业务员提成，应根据业务员实际的角色、地位、作用予以区分后再进行相应追缴。从查询资料看②，近年来追赃挽损力度不断增大，涉及的人员和财产范围不断扩大。③非法集资案件中的人员一般分为核心层（董事长、总裁）、管理层（区域经理）和一般业务员，以及行政、技术人员等。④ 对此应当有所区分，重点打击组织、策划、指挥、管理、发挥主要作用的中高层人员，其他人员应当根据其在集资共同犯罪中的地位、作用、具体实施的行为来区别对待。“对于领取固定工资、收入等非业务岗位，如前台、行政人员，不宜将其工资视为犯罪所得”⑤，但对于核心业务部门，如销售部、风控部、产品研发部的员工，以发工资为名，实为高额奖励的，应按照其在集资活动中发挥的作用和工资收入的实际性质区别对待，不宜一律按照合法工资收入处理。对于团队募集资金及个人佣金、提成等应当负有退赔责任。

关于业务员的处理应根据退出资金的情况分别处理。能够及时退回所收取的代理费、好处费、返点费、佣金、提成等费用的，可以从轻处理。对参与时间较短、数额较小、情节轻微，特别是能够积极提供资金去向、帮助挽回损失的业务员，可以不按犯罪处理，以积极引导、促使业务员退赔保障投资参与人的合法利益。

---

① 参见王彩虹、候智颖：《非法集资案件涉案财物处置法律问题研究》，见南京建邺区检察院与建邺区政府等联合举办的《第三届金融检察论坛论文集》。

② https://m.wdzj.com/zhuanlan/guancha/17－13316－1.html，最后访问日期：2020 年 3 月 26 日。

③ 根据 2019 年部分金融警情通报，侦查机关侦办的启蓝金服、合时代、信和财富案中追缴资产的人员包括了部门主管、普通员工、业务辅助人员、其他吸收资金提供帮助的人员。要求退还的费用包括代理费、佣金、好处费、返点费、提成及工资收入。

④ 最高人民法院、最高人民检察院、公安部《关于办理非法集资刑事案件若干问题的意见》（高检会〔2019〕2号）规定：“六、关于宽严相济刑事政策把握问题。办理非法集资刑事案件……做到惩处少数、教育挽救大多数。……重点惩处非法集资犯罪活动的组织者、领导者和管理人员，包括单位犯罪中的上级单位（总公司、母公司）的核心层、管理层和骨干人员，下属单位（分公司、子公司）的管理层和骨干人员，以及其他发挥主要作用的人员。对于涉案人员积极配合调查、主动退赃退赔、真诚认罪悔罪的，可以依法从轻处罚；其中情节轻微的，可以免除处罚；情节显著轻微、危害不大的，不作为犯罪处理。”

⑤ 姜淑珍、郑圣果：《认罪认罚从宽在非法集资案件追赃挽损中的适用》，载《检察调研与指导》2019 年第 6 期。

2. 对集资参与人超出本金部分的获利应当依法追缴。如上海市公、检、法联合发布的《关于办理涉众型非法集资犯罪案件的指导意见》规定,向社会公众非法吸收的资金属于违法所得。以吸收的资金向集资参与人支付的利息、分红等回报,不论集资参与人是否已先期离场,均应当依法追缴。集资参与人本金尚未归还的,所支付的回报可予折抵本金。对于先期离场者的高额获利部分,应进一步结合证据调查其获利情况,依法追缴其所获利息、分红等收益。

3. 广告费、明星代言费等依据对方过错程度进行追缴。《广告法》第 56 条规定,发布虚假广告,欺骗、误导消费者,使购买产品或者接受服务的消费者合法权益受到损害的,由广告主依法承担民事责任。广告经营者、广告发布者、广告代言人,明知或应知广告虚假仍设计、制作、代理、发布或者作推荐、证明的,应与广告主承担连带责任。2017 年银监会起草的《处置非法集资条例(征求意见稿)》认为,清退资金来源包括非法集资协助人为非法集资提供帮助而获得的收入,包括咨询费、广告费、代言费、代理费、佣金、提成等。目前,证明广告代言人如明星的主观明知比较困难,代言人不一定具备专业的财经知识,尤其在平台早期包装完善的前提下,认知有限,对其代言费的追缴存在证明上的困难。笔者认为,从追赃挽损利益最大化原则及持续性追赃的现实角度来看,广告费、代言费等除非用于公益,否则应根据行为人的主观过错程度予以追缴。

4. 对于追缴范围不应受限于犯罪嫌疑人、被告人的违法所得。尽管很多犯罪嫌疑人、被告人可能无力赔偿,但不能因此限缩其应该赔偿的范围,①其退赔范围应当根据犯罪行为所造成的损害结果来确定。如重庆市公、检、法联合发布的《关于办理非法集资类刑事案件法律适用问题的会议纪要》规定,追缴和退赔是两个不同的概念。对于违法所得应当予以追缴,尚未追缴在案的可以继续追缴。对于无法追缴的财物,可以责令退赔,退赔既包括退还财物,也包括赔偿财物。建议可参照国外的保全扣押制度,为保障权利人(被害人)将来的判决利益不受损失,先将行为人的财产予以扣押。为避免隐匿、转移资产,将行为人所有可执行的财产纳入没收体系,赋予侦查机关在刑事诉讼之初即可对犯罪行为人非涉案财产进行扣押的权力。同时,为了利益平衡,坚持法官保留与救济原则,符合一定的比例原则,允许行为人对扣押及执行方式提出异议。② 在追缴违法所得的基础上,全面调查相关人员的所有财产,违法所得不足以全额清退的,应继续追缴并强制执行其合法财产。

5. 对于经营性资产可以采取第三方托管制度。对涉案公司的固定资产、债权、项目等经营性资产,可探索市场化处置方式,构建"债权人会议""第三方资产处置公司""清算管理人"等模式,综合运用托管经营、强制管理等方式积极盘活资产,聘请专业的审计、

---

① 参见黄祥青、肖晚祥、罗开卷、许浩:《涉众型非法集资犯罪的法律、政策规制》,载《刑事审判参考》第 117 集。
② 参见沈威、徐晋雄:《比较视野下涉众型经济案件追赃挽损机制研究》,载《中国检察官》2019 年第 24 期。

财务机构、金融机构等对资产进行评估及专业控制，检察机关可以对债权人联席会议、清算管理人等进行监督。

（三）聚焦办案主业，找准追赃挽损工作的着力点

1. 积极发挥诉前主导作用，督促侦查机关追赃挽损。对于重大集资类案件提前介入，对取证及侦查方向提出书面意见或建议，同时要对资产状况进行同步引导侦查，形成同步上案工作机制。督促侦查机关尽早甄别资产权属情况，收集关于涉案资产权属的证据，在权属明确的前提下尽可能查、扣、冻涉案资产。根据不动产与动产的类别和状况，分类、分阶段采取处置措施。对易贬值及保管成本过高的涉案资产，可先行处置。充分听取集资参与人（被害人）的意见，收集关于涉案资产的更多线索，督促公安机关查证，尽量增加可以退赔的财产范围。同时要对侦查机关采取的查、扣、冻措施在程序的合法性、适用的必要性上进行严格审查，降低对企业生产经营的影响，对案外人的合法资产等不属于查、扣、冻范围的也应严格排除在外。如部分案件中，侦查机关仅对已经采取强制措施的犯罪嫌疑人开展追赃挽损，对于大多数没有采取强制措施的业务员等人的佣金、提成没有采取相关措施，对此应当督促公安机关及时扣押、冻结、追缴业务员的佣金、提成等违法所得。

2. 审查起诉环节应将追赃挽损作为必经程序进行严格审查。证据是认定事实的基础，追赃挽损的有效开展有赖于涉案资产权属、集资参与人损失数额等事实的精准认定。检察环节应构建以证据为核心的指控体系，对涉案资产相关事实、证据严格审查，判断是否属于违法所得或者依法应当追缴的情况。

一是审查损失数额。准确界定损失数额是处置、发还财产的前提。集资参与人基于自身利害关系，容易夸大损失数额，所作陈述未必可靠。审查起诉时应当根据证据精准认定投资参与人损失。具体而言，按照“单个证据的分解验证、相关证据的双向比对、全案证据的综合判断”①三个步骤进行。首先通过对单个证据进行审查甄别，纵向看供述、某个被害人陈述等言词证据前后是否一致；其次横向上将各证据内容进行比对，如将被害人陈述与书证（借款合同、借条、投资协议等）、其他证言、其他被害人陈述、犯罪嫌疑人供述等作比对，看彼此之间能否相互印证，通过其他证据验证陈述是否客观真实，是否有夸大的“水分”存在；最后在综合比较分析的基础上运用证据规则，精确认定损失数额。②

二是甄别涉案资产的权属。涉众型经济金融犯罪案件中，资金去向复杂，集资款项往往通过多个账户多次拆分流转，与其他资产混同，查证难度大。有的行为人在案发前

---

① 于同志：《刑事实务十堂课——刑事审判思路与方法》，法律出版社 2020 年版，第 88 页。

② 如曹某合同诈骗案，多名被害人陈述的损失数额远高于供述数额，一审采信被害人陈述，认定曹某诈骗数额 4000 余万元。二审经仔细审查被害人陈述及相关证人证言，发现根据被害人陈述的购买电话卡转让获利的时间段，结合每张卡赚取的利润，所获得的利润远远超过之前在侦查阶段所作陈述，故建议采纳曹某供述，最终核减诈骗数额 300 余万元。

通过赠与、虚假诉讼等方式将财产转移至亲友等关系人名下,甚至通过假离婚的方式逃避债务,给涉案资产的认定、权属判断带来困难。检察机关应发挥主导作用,对于公安机关没有移送相关证据材料的,或者认定应当追缴的财产证据不充分的,及时退查或者自行补充侦查。[①] 如王某非法吸收公众存款案,检察机关经审查发现王某有向其他单位或个人借出款项或购买股权的情况,遂将线索移送侦查机关补充侦查,后对王某在某公司的股权进行扣押、冻结。

三是审查涉案资产。最高人民法院《关于适用〈中华人民共和国刑事诉讼法〉的解释》(以下简称《刑诉法解释》)第 473[②]、442 条规定对查、扣、冻的财物应当妥善保管并制作清单。第 444 条规定,判决书中应当对查、扣、冻的财物及其孳息在判决书中写明名称、金额、数量、存放地点及其处理方式等,涉案财物较多,不宜在判决主文中详细列明的,可以附清单。为进一步做好财物的甄别查明工作,可以在检察环节将上述财物的具体信息尽最大限度查实并列明。具体而言,提审讯问时将涉案资产作为必问环节,在审查报告中将追赃挽损情况作为必要审查事项列明,对涉案资产处置提出明确的意见,提起公诉时应当附带相关涉案资产明细清单,载明资产的名称、金额、数量、存放地点及处理方式等详细信息,便于后续处置。

四是在保障案件质量的前提下提高办案效率。涉众型经济案件往往周期长,从作案到案发往往持续数年,同时由于涉案人数众多,分布地域广泛,证据形式复杂,诉讼周期较长,[③]以上因素无形中增加了资产贬损的风险以及潜在的不稳定因素。为此,应在保证案件质量的前提下尽快审结案件,在检察环节尽量不拖延,缩短诉讼周期,避免"久拖不决"情形,为资产保值、尽快处置争取时间。

五是慎用强制措施,用好认罪认罚制度。坚持宽严相济刑事政策,区别对待,综合运用刑事和行政手段,促进办案效果最大化。办案中应及时、充分沟通,告知认罪认罚从轻处理的相关规定,促进真诚悔罪、退缴赃款,尽力挽回被害人损失。对于认罪态度较好,能够积极筹措资金,已经全部或者大部分兑付集资参与人,后果不严重的犯罪嫌疑人,在查清事实的基础上可以从轻处理,不予批捕、起诉、依法变更为非羁押强制措施、免于刑事处罚、从轻或减轻处罚等。对于有一定还款能力、股权结构复杂的案件可以不予逮捕、

---

① 如陈某合同诈骗案,被告人陈某在侦查阶段多次承认其名下房产是被害人投入的钱购买。但之后辩称是其岳母、妻子给的钱及儿子过生日时所收礼金。经审查,陈某账户上确实有来自岳母、妻子的转账记录,但其妻子及岳母无工作,无稳定收入来源,辩解所收礼金与转账的 99 万元并无对应性。从其银行卡的资金流向看,陈某收到妻子、岳母的汇款后部分用于购买手机充值卡,部分汇给被害人,并未用于购买涉案房产,故其辩解不能成立,该房产应该被作为赃物扣押。

② 《刑诉法解释》第 437 条:"人民法院对查封、扣押、冻结的涉案财物及其孳息,应当妥善保管,并制作清单,附卷备查;对人民检察院随案移送的实物,应当根据清单核查后妥善保管。任何单位和个人不得挪用或者自行处理。"

③ 2018 年中国裁判文书网上发布的基层法院审理的 100 件非法集资刑事案件,能够在法定期限内审结的案件仅仅占样本总数的 33%。参见黄娅:《非法集资刑事案件追赃挽损机制研究——以涉案财物处置程序规制为视角》。

存疑不诉等。让犯罪嫌疑人继续经营企业，从企业的正常经营中获取收益并予以退赔，最大限度挽回被害人损失。①

（四）加强沟通协调，形成追赃挽损合力

一是建立健全跨区域案件执法争议处理机制，完善不同区域间跨执法部门、司法部门查处工作的衔接配合程序。涉及不同地区多家法院的案件，按照涉众型跨区域经济犯罪“三统两分”的要求，扣押款物应当集中统一处置，交由审判法院一并处理。二是配合法院等职能部门共同做好追赃挽损工作。在处置非法集资职能部门统筹协调下，切实履行协作义务，综合运用多种手段，定期与公安、法院、省金融办等召开联席会议，商讨相关举措，针对陈案推进、资产处置等制订可行方案，积极履行主体责任，提高协作效率，形成有效合力，共同推进涉案资产处置到位。在防范和处置有关环节引进审计、评估等中介服务，加强第三方支付平台的合作，掌握资金动向，做好涉案财物清运、财产变现、资金归集、资金清退工作，确保最大限度减少实际损失。如推进检税联动，借助税务系统平台，对纠纷案件高发的地区、行业进行税控排查，便于侦查机关查明资金流向等。三是探索建立借助联合惩戒的追缴机制。对不追究刑事责任的犯罪嫌疑人、高额提成分红的业务员、先期离场的投资参与人等，以公告催缴的方式要求相关人员限期进行退赃退赔。如逾期不退，可探索将相关人员列入失信被执行人，借助信用联合惩戒机制迫使其及时退赔。②

① 如刘某等人涉嫌非吸一案，经审查发现蔡某某涉嫌非法吸收公众存款需要追究刑事责任，审查逮捕过程中经多次与蔡某某等人家属及律师沟通，通过释法说理，蔡某某家人共退赃800万元，沈某某家人退赃320万，考虑到二人全部退赃，在共同犯罪中属于从犯，认罪悔罪，对二人不予批准逮捕。

② 参见史先诚：《非法集资案件追赃挽损的现实问题及建议》，见南京建邺区检察院与建邺区政府等联合举办的《第三届金融检察论坛论文集》。

检察民事公益诉讼诉前和解的困境和出路

王 辉 韩 荣*

摘要:检察公益诉讼制度是以法治思维和法治方式推进国家治理体系和治理能力现代化的重要制度设计。随着检察公益诉讼的深入发展,公益诉讼制度也应对时代需求进行回应。从法理表达、法律目的、民间立场、司法需求等方面看检察民事公益诉讼诉前和解均具有正当性。实践中诉前和解协议遇到了法律依据、范围和审查等限定性条件,以及配套程序、监管机制缺乏等实际困境,为诉前和解提供法律支撑、增加限制性条件、设定配套机制是公益诉讼制度科学发展的有益路径。

关键词:检察民事公益诉讼 诉前和解 公共利益 正当性 程序

如何更好地保护公共利益,构建更加和谐的社会关系,是实现国家治理体系和治理能力现代化的重要内容。检察民事公益诉讼制度在保护社会公共利益中的重要作用日渐凸显,但囿于司法裁判解决纠纷方式的固有局限性和司法程序的相对保守性,公共利益的保护需求仅通过诉讼程序难以有效满足和消化。如何创设一种公共利益诉前和解机制,使得公共利益最大限度得到实质性保护,是亟待解决的问题。因此,对检察民事公益诉讼进行实践总结分析,构建完善诉前和解程序,对推进新时代公益诉讼工作持续健康发展具有重要意义。

一、检察民事公益诉讼诉前和解正当性分析

"正当性"(legitimacy)的基本内涵是:某事物具有被相关人员或社会成员认同、信任、接受或支持的属性。① 检察民事公益诉讼诉前和解是否具有正当性,不能进行独立解释,应当与诉前和解的"实践"密切关联,这种"实践"包含法理表达、法律目的、民间立场、

---

* 王辉,江苏省徐州市人民检察院第七检察部主任;韩荣,江苏省徐州市人民检察院法律政策研究室检察官。

① 参见卢政峰:《内部行政程序及其法治化建构研究》,载《辽宁大学学报(哲学社会科学版)》2018 年第 3 期。

司法需求的合理性促进。

（一）法理表达

很大程度上，法理表达着人们对法实践的理性认识，它通过人的精神活动将其权利需求转换为法的需求，再将现实性需求的链条转变为正当性理由的链条，进入法实践中并推动法实践不断进步。① 因此，法理根植实践土壤，连接实践需求，牵引实践进步。习近平总书记提出“在法治轨道上推进国家治理体系和治理能力现代化”等新时代全面依法治国的法理逻辑，而检察公益诉讼制度则是以法治思维和法治方式推进国家治理体系和治理能力现代化的一项全局性、战略性的制度安排。然而，当今中国特色公益诉讼制度的理论框架、制度规范体系尚未建立，更远未定型，在一些问题上，如检察民事公益诉讼诉前和解制度，需要进行有益探索。而这种保护公共利益的现实的需求和实践进步，就是对法理表达的有效回应。

（二）法律目的

目前，检察机关是否有权进行民事公益诉讼诉前和解，法律尚未明确规定。对此，有些学者和专家提出法律正当性质疑。最高人民法院《关于适用〈中华人民共和国民事诉讼法〉的解释》第289条规定：“对公益诉讼案件，当事人可以和解，法院可以调解”，但是，这个“当事人”应当根据当时的立法背景进行解释。该司法解释出台于检察公益诉讼改革试点前，应当适用于社会组织提起的公益诉讼，所以这个“当事人”不能适用于检察机关。而且，有关司法解释并未明确规定检察机关可以和被告和解。② 和解涉及实体权利的处分，而侵权人的侵权行为损害的是公共利益，但检察机关与侵权结果无直接利害关系，作为“公共利益代表”的检察机关，并不是法律意义上的“权利人”，不享有自由处分权利，因此，检察机关基于职权法定原则不能在没有法律授权的情形下处分公益。

然而，允许诉前和解，或许是更好的公益诉讼制度安排，更有利于实现民事公益诉讼设立的目的。最高人民法院、最高人民检察院《关于检察公益诉讼案件适用法律若干问题的解释》③规定了检察机关检察民事公益诉讼撤回起诉权，同时，明确该解释未规定的其他事项，适用《民事诉讼法》《行政诉讼法》以及相关司法解释的规定。加之，全国各地也有大量民事公益诉讼诉前和解的实践案例，因此，在不损害公共利益的情况下，检察民事公益诉讼适用和解具有可行性。在实践中，为了更好地指导实践，某些地区也出台适

① 参见郭晔：《法理：法实践的正当性理由》，载《中国法学》2020年第2期。

② 参见最高人民法院、最高人民检察院《关于检察公益诉讼案件适用法律若干问题的解释》第4条的规定，人民检察院以公益诉讼起诉人身份提起公益诉讼，依照民事诉讼法、行政诉讼法享有相应的诉讼权利。但该司法解释并没有规定检察机关享有诉前和解的权利。

③ 最高人民法院、最高人民检察院《关于检察公益诉讼案件适用法律若干问题的解释》第19条规定，民事公益诉讼案件审理过程中，人民检察院诉讼请求全部实现而撤回起诉的，人民法院应予准许。

用本地公益诉讼诉前和解的指导意见，如浙江省首例民事公益诉讼诉前和解案①，依据该省检察院出台的《关于开展民事公益诉讼诉前赔偿试点工作的通知》的规定，启动了诉前和解程序，也取得了良好的社会效果和法律效果。因此，从案件办理效果出发，允许诉前和解，符合民事公益诉讼设立的目的，也有利于节约司法资源，保护公共利益。

（三）民间立场

在法社会学中，民间立场应阐释为从普通民众的角度来提出问题、思考问题和解决问题。② 当前，要抓住人民群众最关心、最直接、最现实的问题，让人民群众有更多获得感、幸福感、安全感。具体到公益诉讼领域，突出表现为民众对公共利益诸如美好生态环境、安全的食药品等领域的关注。运用诉前和解方式，及时解决公共利益保护问题，有助于回应民间需求，促进社会和谐。如无锡某染料油墨公司在生产过程中产生废油墨桶等危险废物损害社会公共利益，在无锡市人民检察院审查中，该公司主动要求和解并承担所有的侵权责任。经公开听证，无锡市人民检察院与该公司达成和解协议，该公司支付专家论证意见费 2.7 万元，并拟将所有生态损害赔偿费用 35.18 万余元专项用于生态环境的异地修复。③ 该案例及时回应了民众对生态环境保护的关注，取得了很好的社会效果。此外，目前大部分检察民事公益诉讼案件线索多源自刑事案件，系对刑事被告人应承担民事侵权责任的追诉。该部分被告人为了表现其主动认罪认罚的态度，一般会要求在刑事判决前自愿承担民事赔偿责任，以获得刑事责任的从轻处罚。但由于缺乏诉前和解制度支撑，检察机关难以就赔偿数额等主要内容与被告达成和解，难以回应这部分人群的需求。

（四）司法需求

提起公益诉讼的主要目的在于及时修复受损的公共利益。但由于诉讼程序的滞后性、复杂性，可能导致生效判决作出时却丧失公益修复的最佳时机，特别是对需要在第一时间采取生态环境修复措施的环境污染检察民事公益诉讼案件。如果能够在起诉前与被告达成和解，则可以避免烦琐的诉讼程序，使被告及时承担公益修复责任，实现公益保护效果的最大化。

对此，有观点认为，只要满足一定“条件”，检察机关可以同侵权人诉前和解。这种条件是指侵权行为处于初始阶段，尚未给公共利益造成明显损失，而这种损失能够通过侵权人自己短时间的修复与弥补就能达到公共利益保护最大化。也有观点认为，检察民事公益诉讼采取诉前和解，有利于案件繁简分流，节约司法资源。实践中，也不乏此类的探

---

① 徐某、顾某于休渔期在舟山市定海区金塘镇沥港渔业码头附近海域电鱼，舟山市定海区检察院审查认为，徐某、顾某非法捕捞行为损害了社会公共利益。考虑到该案中非法捕捞的渔获物较少且当事人愿意对生态损害进行赔偿，定海区人民检察院在取得专家意见后，在公证员的见证下，与公益损害人徐某、顾某签订诉前和解协议，徐某、顾某自愿承担生态资源损失费、专家论证意见费、公证费等 2008 元。

② 参见李诗蕊：《民间立场——多元化纠纷解决机制的法社会学基础》，载《江淮法治》2016 年第 14 期。

③ 来源于检答网公布的《检察公益诉讼全面实施两周年典型案例》之“江苏省无锡市红宝特种染料油墨有限公司非法处置危险废物民事公益诉讼诉前和解案”。

索。2019 年 12 月,浙江省人民检察院提出开展民事公益诉讼诉前赔偿试点工作,主要针对生态环境和资源保护、食品药品安全等领域标的额较小的民事公益诉讼案件,与公益侵害人就公共利益损害赔偿民事责任承担达成赔偿协议。

还有观点认为,检察民事公益诉讼采取诉前和解,还可以在一定程度上化解公益诉讼中公益损害数额认定难题。当前,主要通过司法鉴定或专家意见等方式确定公共利益受损数额。但是,目前一些生态环境破坏的研究尚处于空白,相关鉴定机构或技术专家无法出具鉴定结论或专家意见,导致该类案件在提起诉讼后面临证据不足的窘境。如某水产品公司非法捕捞海龟案,诉讼中仅依据《关于确定野生动物案件中水生野生动物及其产品价值有关问题的通知》,对海龟的生态环境价值进行简单计算,而对非法捕捞造成的海洋生物链缺失、生态环境平衡被打破、海底生态环境破坏等,难以准确认定损害数额,无法在诉讼中要求被告承担具体侵权责任。但通过诉前和解,检察机关可以结合案件具体情况,敦促被告对难以具体计算评估的生态环境损失承担适当的赔偿责任,提高公益保护的实际效果。

二、检察民事公益诉讼诉前和解具体实践困境

(一)立法缺失:诉前和解缺乏法律明确支撑

一方面,诉前和解法律效力待定。检察机关进行诉前和解的主体资格还存有疑异,检察民事公益诉讼和解的法律效力也面临诸多争议。另一方面,公益诉讼实践中,检、法两家还存在一些认识分歧。检察公益诉讼制度虽已得到立法支持,但在有些公益诉讼案件的定性和具体诉讼请求的确认方面,检、法两家还存在较大分歧。以 X 市为例,在环境污染类案件中,对主管部门支出的应急处置费用,法院认为应由主管部门自行起诉追索,不认可检察机关对此提出的诉讼请求。但是,侵权人对于检察机关的上述主张,一般并无异议,如能在诉前和解程序中加以解决,则可以在一定程度上避免出现检、法两家的认识分歧,有助于提升检察公益诉讼的制度价值。

此外,“小额公益诉讼案件”诉讼效果不佳。目前,一些危害后果较小、受损公益在诉前得到弥补或者起诉后效果欠佳等不适宜提起诉讼的案件,只能启动诉讼程序才能达到保护公共利益的目的,不仅浪费司法资源,也减损了公益保护的实际效果。一般认为,受损利益是否具有社会公共利益属性,除受侵害主体的不特定之外,还应当体现为较大的损失数额。但实践中大部分案件的损失数额不足 5 万元,如 X 市检察机关 2018 年以来提起的 87 件民事公益诉讼案件中,诉讼标的不足 5 万元的有 70 件,占 80.5%,超过 100 万元的仅有 5 件,仅占 5.7%。对于数额较小的案件不加区分均提起公益诉讼,一方面会令人质疑起诉的必要性,另一方面会消减社会公众对检察公益诉讼制度的认可。因此,适用诉前和解办理好大量小额公益诉讼案件,便成为呼应公共利益保护效果最大化需求的重要制度设计。

(二)限定性条件缺乏:该如何保证和解协议正当合理

我国《民事诉讼法》第 13 条第 2 款"当事人有权在法律规定的范围内处分自己的民事权利和诉讼权利"的规定,当事人的和解行为只要不违背法律,不损害国家、集体和他人利益,该行为就具有合法性。因此,在检察机关对公益诉讼案件立案审查期间,如果公益侵权人提出和解意愿的,检察机关应当审查是否符合和解条件。但是,如果公益侵权人未主动提出诉前和解意愿的,检察机关能否直接启动诉前和解程序需要进一步明确。从和解协议的范围来看,检察民事公益诉讼中公益侵权人的三种责任承担方式为"停止侵害""排除妨碍"的阻遏性责任承担方式、"消除危险"的预防性责任承担方式、"恢复原状""赔偿损失""赔礼道歉"的赔偿性责任承担方式。以上三种责任承担,是否都能和解也需要进一步明确。笔者认为,只能在赔偿性责任承担上进行和解,但又带来该如何确定和解协议赔偿标准的问题。此外,该如何启动内部审批程序,才能保证诉前和解具有正当合理性也需要进一步明确。

(三)配套程序缺失:诉前和解协议该如何实质性保护公共利益

诉前和解的范围应当加以限制,若在赔偿性责任承担上进行和解,一方面是已经或即将要实际支出的、能够准确确定数额的损失,如环境污染应急处置费、生态环境修复费、矿产资源损失等;另一方面是相关支出没有实际发生或者只能通过评估计算得出的损失,如针对大气污染通过虚拟治理成本法计算出的损失数额、消费者因不合格食品药品受到的身体损害等。那和解的依据和标准该如何把握,对于能够准确认定的损失,能否再降低标准,如果降低了,检察官是否应承担责任;反之,如果提高了标准,则会对当事人的合法财产造成损失。而对于不能准确认定的损失,能否根据案件具体情况或被告的赔偿能力合理确定,但检察机关如自行与被告商定赔偿数额,如果不能全部实现赔偿损失请求,可能会损害国家或社会公共利益,甚至会被追究法律责任。因此,如何设置配套程序,来保障和解协议对公共利益进行实质性保护,也需要进一步明确。

(四)监管漏洞:诉前和解的履行无保障

和解协议的签订不能视为公共利益修复的完成,但是目前检察机关同公益侵权人就公益修复或赔偿达成的和解协议,尚无执行的保障措施。如果不能有效解决和解协议的公正合理性,不能在法律上确认和解协议的效力,则会面临两个方面的困难:一方面检察机关依据和解协议作出终结审查、不起诉处理决定将失去事实基础和法律依据;另一方面公益侵权人可能以和解无效为由反悔而不执行和解协议,或者检察机关和侵权人在诉前达成的是以后续的公共利益修复为内容的和解协议,而侵权人需要相当长的时间来履行和解协议约定的义务,在此情况下该如何去监督和解协议的履行。和解协议不是在法院的主持下达成,不能申请法院强制执行,而检察机关也无权强制侵权人履行义务,而如果和解协议一直不能完全执行到位,则是否需要检察机关重新提起公益诉讼也需要进一步明确。

三、检察民事公益诉讼诉前和解制度的设想

（一）赋予检察机关对民事公益诉讼的诉前和解权限，消除检、法认识分歧

检察民事公益诉讼本质上仍属于民事诉讼，检察机关作为一方当事人，与被告签订的和解协议，从性质上来看仍然是一种特殊的民事协议。但检察民事公益诉讼诉前和解，不能完全适用常规的诉讼程序，需要根据公益诉讼的需求和特点形成特殊制度安排。只有赋予检察机关享有诉前和解诉讼权利及诉前和解协议的法律效力，才能在检、法间存在认识分歧时，某些公益损害案件无法进入诉讼程序的情况下，及时有效保护公共利益。同时，能有效解决“小额公益诉讼案件”诉讼效果不佳的现象，节约司法资源，增强检察公益诉讼制度的权威性和生命力。

（二）增加限定性条件，确保和解协议具有正当合理性

1. 诉前和解平等自愿。诉前和解的实践探索，要以公益得到保护为前提，同时要遵循检察机关的法律监督定位，防止检察权代替审判权。因此，诉前和解需平等自愿，要事先征求公益侵权人的和解意见，如果公益侵权人不愿意和解，检察机关不得以法律监督者身份迫使公益侵权人进行诉前和解。

2. 限制诉前和解范围。对于阻遏性和预防性责任承担方式，如果适用和解，势必会把公共利益保护陷入更加危险的境地，会违背公益诉讼保护公共利益的初衷，不能适用和解。因此，诉前和解的范围只能限定于赔偿性责任承担方式。某些公共利益，如环境生态服务功能不能恢复或者恢复会使公共利益受到更大损害，这种情况下，就应当允许就“恢复原状”的诉讼请求进行诉前和解，寻求替代性方案。“赔偿损失”可限定在赔偿的方式、数额及履行期限，在不损害公共利益的前提下，可以进行和解。公益诉讼的目的是保护公共利益，而“赔礼道歉”则注重于对社会公众的“精神修复”，因此，在公益侵权人真诚悔过的情况下，该项诉讼请求也可以进行和解。

3. 确定赔偿性责任承担标准。对客观发生但现有科学技术研究尚未涉及，难以通过鉴定评估认定的隐性公益损害事实，可以结合侵权人的获利数额、案件具体情况，设定评价标准。如在河底非法采砂对水生态环境造成破坏的，可根据采砂量和采砂行为特点、持续时间长短等因素确定生态环境损害数额。对于捕猎野生动物对生物多样性和食物链平衡造成的破坏，以实际捕获的野生动物价值为基准，加入惩罚性赔偿。同时，可以考虑侵权人的实际赔偿能力及主观恶意大小，适当减让部分事务性支出，如主管部门支出的必要合理费用、检察机关因办案支出的合理费用等，以此促使侵权人积极达成和解协议。

4. 严格内部审批程序。当前，检察机关提起民事公益诉讼的基本程序是：检察官办案组提出起诉意见→检察长审批→报省级检察院批准→提起诉讼。对于拟作和解处理的检察民事公益诉讼案件，应当履行更为严密的审查批准程序，建议为：检察官办案组初步提出和解意见→检察长审批→举证质证、辩论→达成和解协议→提请公益保护专门审

查机构审查→检察委员会讨论决定→(必要时)向上一级检察机关请示。通过这些严格的内部监督制约程序,保证和解协议的公正合理。

(三)设定诉前和解配套程序,确保和解协议实质性保护公共利益

1. 实体审查论证程序。各级检察机关可牵头成立公益保护审查专门机构,成员由政府主管部门、专业技术机构、行业协会、法律专业人员、群众代表等相关人员组成。机构对协议内容是否积极回应公益损害事实、赔偿数额能否基本弥补公益损失、公益修复措施的合理性、可行性、实效性等方面进行独立审查,并出具审查意见。如侵权人或案涉领域的主管部门对本级公益保护审查机构作出的审查意见不服,可以向上一级审查机构提出复议。

2. 第三方评价程序。引入第三方评价,对和解协议内容包括赔偿数额是否合理、公益修复措施是否可行、能否达到公益保护效果进行独立评价。上文提及的浙江省首例检察民事公益诉讼诉前和解案,不仅引入了公证程序,还听取了专家意见,这种在独立的第三方机构见证下的和解,在一定程度上能够保证案件公平公正,也能够彰显司法的温度和价值。

3. 公开听证、论证、圆桌会议等程序。诉前和解可以采取听证会、论证会、圆桌会等方式,全面听取检察机关、侵权人、涉案领域主管部门、专业技术机构、法律专业人士和普通群众代表的意见,由社会对公共利益是否得到有效保护进行评判。这样,能够增加诉前和解的"可视性",能够给公益侵权人纠正侵权行为、表达诉求诉前缓冲机会,避免在漫长的诉讼过程中给公共利益造成更大的破坏。以公开的方式提升公众对诉前和解的认同度,提高检察机关的司法公信力。

4. 公开程序。对经由上述程序作出的和解协议内容,采取适当的方式进行公开,如在各类媒体上予以登载、在案件影响区域内进行张贴公告,使相关范围内的社会公众均可知悉并可自由提出意见建议,以充分完善和解协议内容。

5. 法院司法确认。公益诉讼是保护公共利益的有效司法途径,无论以何种方式结案,其最终目的都是保护公共利益。美国法学家埃尔曼将解决纠纷的方法划分为两类:一是将纠纷交付裁决;二是纠纷主体通过协商自己来确定解决结果,这并不排除作为调解人的第三人可能在协商中协助他们。① 因此,对经过公告征集意见,各方均无异议的和解协议,可以由检察机关和侵权人共同向人民法院申请司法确认,且赋予该协议在侵权人反悔时可申请法院强制执行的效力。

(四)建立和解协议执行监督保障机制,确保和解协议实际履行

防止公益侵权人将公共利益作为和解协议履行的交换筹码,保障和解协议的及时履行,促进公众对检察机关的理解和信任,维护司法权威和公信力。在和解协议正式确定

---

① 参见[美]埃尔曼:《比较法律文化》,高鸿钧等译,三联书店 1990 年版,第 115 页。

之后，对于应由侵权人承担的赔偿款项，侵权人应即时缴纳，或限定其在合理期限缴纳。对于应当采取的公益修复措施，如补植复绿、增殖放流、生态修复，应根据案件具体情况，由侵权人在适当的时间主动实施，或交由相关专业技术机构、行政主管部门代为实施，相应费用由侵权人直接向实施部门支付。对于侵权人自行实施的修复行为，应由主管部门或具备资质的第三方机构进行全程监管，确保修复实施效果。如果侵权人拒绝履行或不能完全履行和解协议，检察机关可申请法院强制执行。如通过强制执行仍不能达到公益保护目的，则应终止诉前和解程序，由检察机关依法提起公益诉讼。

实然与应然：行政公益诉讼诉前程序司法化改革之探讨

黄凯东　邱　楠　张　涛*

摘要：我国行政公益诉讼确立了诉前程序，实践中发挥了重要作用，体现了重要价值，但是其面临的困境也不容忽视。当前，检察权运行的司法化趋势较为明显，以司法化改革为切入，深入分析行政公益诉讼诉前程序的存在价值、实然困境和应然路径，具有一定的研究价值和意义。

关键词：行政公益诉讼　诉前程序　司法化

修改后的《行政诉讼法》确立了行政公益诉讼制度，①有利于矫正和修复受损公共利益，维护和实现社会正义。应注意到，我国行政公益诉讼确立了独具特色的诉前程序，发挥了重要的实践作用，但是其面临的困境也不断显现。当前，检察权越来越多地表现出司法性，或者说很多权力要求检察机关在客观中立的立场作出判断，检察权运行的司法化趋势明显。② 在此背景下，以司法化改革为切入，深入分析探讨行政公益诉讼诉前程序的存在价值、实然困境和应然路径，具有较强的价值和意义。

一、研究基础：行政公益诉讼诉前程序之价值展现

（一）行政公益诉讼诉前程序之基本概述

行政公益诉讼是检察机关监督行政行为的重要方式，旨在督促行政机关积极履行职

* 黄凯东，江苏省南通市人民检察院党组成员；邱楠，江苏省南通市通州区人民检察院党组成员、第六检察部主任；张涛，江苏省南通市通州区人民检察院第六检察部副主任。

① 《行政诉讼法》第25条第4款规定："人民检察院在履行职责中发现生态环境和资源保护、食品药品安全、国有财产保护、国有土地使用权出让等领域负有监督管理职责的行政机关违法行使职权或者不作为，致使国家利益或者社会公共利益受到侵害的，应当向行政机关提出检察建议，督促其依法履行职责。行政机关不依法履行职责的，人民检察院依法向人民法院提起诉讼。"

② 参见孙静：《检察权运行司法化的边际概览与可能方式》，载《西南政法大学学报》2013年第5期。

责,保护国家利益或社会公共利益。根据最高人民法院、最高人民检察院《关于检察公益诉讼案件适用法律若干问题的解释》的相关规定,在提起行政公益诉讼前,检察机关应当向行政机关提出检察建议,督促其依法履行职责,行政机关应当在两个月内依法履行职责,并书面回复。① 一般认为,行政公益诉讼诉前程序是指检察机关正式向法院提起行政公益诉讼之前而向行政机关提出检察建议,督促有关行政机关依法履行职责的程序。②

诉前程序是我国检察行政公益诉讼中的独特程序,是行政公益诉讼的法定前置程序。检察机关在提起行政公益诉讼之前,必须先向行政机关提出检察建议,没有这个程序,就不能提起行政公益诉讼;诉前程序的目的是督促行政机关依法履行职责,只有在行政机关不履行职责时,才可以启动诉讼程序。③

(二)行政公益诉讼诉前程序之重要价值

1. 提供多元救济,推动依法行政

行政机关依法行使行政权,是推动社会治理的主体,而在生态环保、食品药品安全、国有资产保护、国有土地权出让等相关领域,行政机关的不作为或乱作为,时常导致公共利益受损。行政公益诉讼弥补了上述缺陷,弥补了针对国家利益或社会公益司法救济之空白。行政公益诉讼诉前程序主要以检察建议的方式,推动行政机关自查、自省、自己改正问题,此种方式为解决行政机关不作为或乱作为提供了新思路。④ 因而,行政公益诉讼是推动依法行政的有效抓手。

2. 监督行政权力,提升司法效率

"一切有权力的人都容易滥用权力,这是万古不易的一条经验。"⑤行政权以国家强制力保证实施,具有内在的天然扩张性,理应受到有效监督。行政公益诉讼不同于检察机关对行政机关的直接监督,其实质是借助司法审判的程序,达到对行政违法或行政不作为行为的纠正。⑥ 但是,司法资源具有稀缺性,配置与利用司法资源必须作出合理安排。当前,假如没有诉前程序过滤,将所有行政公益诉讼案件均起诉至法院,会使检察机关疲于应付;同时,诉讼程序耗时漫长、要求严格,大量行政公益诉讼案件涌入法院,也会使人

---

① 最高人民法院、最高人民检察院《关于检察公益诉讼案件适用法律若干问题的解释》第 21 条规定:"人民检察院在履行职责中发现生态环境和资源保护、食品药品安全、国有财产保护、国有土地使用权出让等领域负有监督管理职责的行政机关违法行使职权或者不作为,致使国家利益或者社会公共利益受到侵害的,应当向行政机关提出检察建议,督促其依法履行职责。行政机关应当在收到检察建议书之日起两个月内依法履行职责,并书面回复人民检察院。出现国家利益或者社会公共利益损害继续扩大等紧急情形的,行政机关应当在十五日内书面回复。行政机关不依法履行职责的,人民检察院依法向人民法院提起诉讼。"

② 参见王春业:《行政公益诉讼"诉前程序"检视》,载《社会科学》2018 年第 6 期。

③ 参见王春业:《论检察机关提起行政公益诉讼的"诉前程序"》,载《江汉大学学报(社会科学版)》2018 年第 3 期。

④ 参见张婧宜、曾桂芳:《行政公益诉讼诉前程序刍议》,载《法制博览》2018 年第 28 期。

⑤ [法]孟德斯鸠:《论法的精神》(上册),张雁深译,商务印书馆 1978 年版,第 154 页。

⑥ 参见王春业:《论行政公益诉讼诉前程序的改革——以适度司法化为导向》,载《当代法学》2020 年第 1 期。

民法院难以招架。实践中,通过诉前程序的分流,大多数行政公益诉讼案件在诉前即得以有效解决,有利于节约司法资源,提升司法效率。

3. 保持权力平衡,约束检察权力

我国检察机关主要行使法律监督权,当行政机关违法履职时,检察机关首先应予督促,而非直接诉至法院,只有当行政机关仍不改正时,基于社会公共利益考量,检察机关方可介入。总体而言,行政公益诉讼诉前程序体现了对行政权的尊重,能够实现检察权、行政权、审判权之间的平衡,避免其发生直接冲突。同时,检察权的运行应当遵循谦抑性原则,推动强化法律监督与检察权自我约束结合。检察权不能过多、过早介入行政权,或者代替行政权作出决定。对行政机关的违法行政行为,检察机关首先应当督促行政机关自行纠正,在法定期限已过,且行政机关仍然拒不纠违或拒不履职时,检察机关方可依法向法院提起行政公益诉讼。①

二、实然考察:行政公益诉讼诉前程序之困境剖析

新时代背景下,检察机关提起行政公益诉讼至关重要,其基本模式趋于定型。其中,诉前程序在行政公益诉讼办案中作用关键,实践层面也展示出其制度优势。但是,不容否认,当前行政公益诉讼诉前程序在运行中面临一些困境,影响程序成效,妨碍行政公益诉讼整体运行。

(一)行政公益诉讼诉前程序结构的封闭化

1. 单向运行,唱独角戏

实践中,从行政公益诉讼诉前程序的立案到检察建议的发出以及最终决定是否提起行政公益诉讼等环节,均呈现单向性,基本上都是检察机关在唱独角戏。主要体现在诉前程序两个阶段中:第一,调查取证阶段,基于弥补受损公益的紧迫性,对于行政机关是否存在行政违法或不作为问题,检察机关一般根据已经掌握的证据材料,单方作出判断并发出检察建议;行政机关难以充分参与,也没有发表意见的机会。第二,检察建议发出后到检察机关最终处理阶段,检察机关要对行政机关是否履职、履职效果加以评价,即对行政机关是否履行检察建议的内容、履行程度、是否整改到位进行判断,并决定是否提起行政公益诉讼,行政机关也只能被动服从,无法主动申辩。②

2. 参与不够,实效不佳

检察公益诉讼制度发展进步,离不开外界积极参与。然而,当前行政公益诉讼诉前程序缺乏应有参与性:其一,如上所述,诉前程序中行政机关的陈述权、申辩权、发言权处于基本缺失状态,自然也无法充分参与程序,如此导致案件事实证据难以查清,行政机关

---

① 参见吕益军、朱全宝:《诉前程序:秉承谦抑理念彰显监督功能》,载《检察日报》2018 年 11 月 22 日,第 3 版。

② 参见王春业:《论行政公益诉讼诉前程序的改革——以适度司法化为导向》,载《当代法学》2020 年第 1 期。

难以心悦诚服,检察监督实际效果不佳。其二,行政公益诉讼基于保护公共利益而进行,以人民为中心,民有所呼、我有所应,是公益诉讼的应然追求。然而,当前诉前程序中,与诉讼结果息息相关的人民群众,以及作为民意代表的人大代表、政协委员等相关人员,基本上被排斥于程序之外,导致程序的自我封闭色彩浓厚。

(二)行政公益诉讼诉前程序运行的行政化

1. 层层把关,严格审批

一直以来,检察机关行政化审批办案模式备受诟病,导致"办案不定案、定案不办案"的后果。因此,去行政化审批就成了检察机关办案模式改革的首要目标。[①] 在此背景下,考察行政公益诉讼诉前程序:其一是行政审批依旧。根据最高人民检察院2018年3月印发的《检察机关行政公益诉讼案件办案指南(试行)》,诉前程序审查终结的,应当制作《诉前审查报告》并明确提出是否发出检察建议或终结审查的处理意见,经集体讨论后报检察长决定,检察长有权提请检委会决定;经过诉前程序,应当制作《起诉审查报告》,也应履行与此类似的审批程序。[②] 其二是导致负面影响。一是影响办案效率,诉前程序一般需要经过多层次审批才能完成,上级领导难以及时作出判断,耗时费力,影响办案效率;二是不利于事实查清,办案必须在亲历调查审查基础上作出判断,而行政公益诉讼诉前程序的审批制有时会因审批领导不了解案情而忽视事实证据审查,案件承办人却没有独立审查决定权,如此"审者不定,定者不审",难免导致不良后果。

2. 被动服从,难以救济

一方面,监督对象处于"客体化""工具化""被动服从化"地位。如上所述,行政公益诉讼诉前程序中都是检察机关主导,无论是调查取证阶段还是检察建议发出至最终处理阶段,行政机关一般只能被动服从,基本上"毫无还手之力",检察权运行的行政化色彩浓厚。另一方面,相关救济途径缺失。一是在调查取证阶段,由于权力单向性、程序封闭性,假使检察机关采取一些明显超过必要性原则的调查措施,行政机关的合法权益往往无法得到救济;二是在检察建议发出后到检察机关最终处理阶段,尽管被建议单位对检察建议享有异议权,[③]但是在检察机关掌握诉前程序话语权的现实语境下,此种"异议"能够发挥何种成效,令人怀疑。

(三)行政公益诉讼诉前程序方式的单一化

实践中,检察监督,尤其是行政检察监督呈现从权力单维制约权力向权力与权利双

---

① 参见董玉庭:《检察机关去行政化审批模式改革探析》,载《吉林大学社会科学学报》2015年第6期。

② 详见《检察机关行政公益诉讼案件办案指南(试行)》第一部分"检察机关行政公益诉讼案件办案的一般程序"第三小部分"诉前程序"。

③ 《人民检察院检察建议工作规定》第23条规定:"被建议单位对检察建议提出异议的,检察官应当立即进行复核。经复核,异议成立的,应当报经检察长或者检察委员会讨论决定后,及时对检察建议书作出修改或者撤回检察建议书;异议不成立的,应当报经检察长同意后,向被建议单位说明理由。"

维制约权力转变、从事后监督向事后监督与过程监督相结合转变、从非诉方式向诉讼与非诉讼相结合转变等特点。[①] 修改后的《行政诉讼法》、《最高人民法院、最高人民检察院关于检察公益诉讼案件适用法律若干问题的解释》《人民检察院公益诉讼办案规则》等进一步丰富了检察机关履职内容、程序和手段，为完善多元化检察监督格局提供了立法保障。监督格局多元化，已经成为做好行政公益诉讼检察的重要方向，应当综合运用检察建议、纠正违法通知、支持督促履职等多元化监督方式。

但是，当前行政公益诉讼诉前程序中，以检察建议此种监督方式为主。如此，不利于检察机关全面充分协调开展监督工作。此外，作为检察机关依法履行法律监督职责、保障法律统一正确实施的重要方式，检察建议强制性不够、刚性化不足的现象也较为普遍。有鉴于此，在深入研究司法规律的基础上，在行政公益诉讼诉前程序中，探索"全位多元"、富有刚性的检察监督方式，已势在必行。

三、应然路径：行政公益诉讼诉前程序司法化之方式进路

（一）行政公益诉讼诉前程序司法化之基本原则

行政公益诉讼诉前程序司法化，就是依据司法活动的特点对诉前程序加以改造，祛除我国检察体制长期以来所形成的过度行政化的"痼疾"，[②]实现诉前程序中检察权运行的司法化。诉前程序司法化，应当遵循以下原则：

1. 参与性原则

在现代法治社会，参与性原则已成为法律程序的主要原则。参与性原则表明，法律程序不仅是实现实体正义的手段和工具，它还有着自身独立的价值和意义。[③] 公众参与司法，能够实现司法公开化、民主化，在司法专业化、职业化的背景下，需要推动公众参与司法，以此提升司法公信。司法公众参与旨在维护社会公共利益，必须采用程序化、法治化的方式。[④] 考察当前世界主要国家的公益诉讼实践中，外部力量的适当参与是公益诉讼制度发展的主要趋势。应当在公益诉讼中有效保障起诉权、参诉权，将其作为实现公益保护目的之重要途径。如上所述，当前行政公益诉讼诉前程序封闭化特征明显，以行政机关、社会公众为代表的外界力量无法充分参与程序。在此背景下，遵循司法参与原则，通过公开听证、程序救济等有效途径，打破诉前程序的闭门造车、封已守缺等趋势，破解"谁来监督监督者"这一永恒难题，已势在必行。

---

① 参见上海市人民检察院法律政策研究室课题组：《行政检察监督方式转型困境及制度构建》，载《人民检察》2017 年第 6 期。

② 参见万毅：《检察改革"三忌"》，载《政法论坛》2015 年第 1 期。

③ 参见周艳红、成凤明、文渊：《试论法律程序中的参与原则》，载《长沙电力学院学报（社会科学版）》1999 年第 2 期。

④ 参见尹振国：《论司法公众参与范围的决定性因素》，载《武汉理工大学学报（社会科学版）》2018 年第 6 期。

2. 适度性原则

如上所述,当前行政公益诉讼诉前程序结构的行政化色彩较为浓郁,因而应当按照司法规律对程序加以适度改造,引入司法元素,形成两造对抗、举证质证、适当辩论、检察中立审查格局,督促行政机关纠违或履职,并视情依法提起行政公益诉讼。但是,行政公益诉讼诉前程序本身体现了尊重行政权的取向,展现了司法谦抑性的品质。与此相应,诉前程序司法化改革应当遵循适度性原则,即诉前程序司法化只能是借鉴司法审判中有益做法,只能是相对的、有限的、适度的司法化,不可能是绝对的、完全的、彻底的司法化。[①] 因而,在诉前程序司法化进程中,应当对哪些程序可以司法化、达到何种程度司法化等重要事项,进行周密安排,作出审慎选择。

(二)行政公益诉讼诉前程序司法化之主要进路

1. 去封闭化:构建诉前听证制度与强化衔接机制建设

一方面,构建诉前听证制度。司法听证有助于推动人民群众有序参与司法,实现行政公益诉讼诉前程序的去封闭化,提升程序参与程度。诉前听证制度,是指诉前程序中行政机关在法定回复期限内无法充分履职时,检察机关邀请有关领域专家和公民代表等召开听证会,听取行政机关对诉前行政行为的汇报,据此决定是否起诉或者继续跟进监督的制度。[②] 关于听证程序,其一,行政机关证明已在法定期限内穷尽所有行政手段,受损社会公益仍然难以救济;说明社会公益被损害的现实状态,证明公益损害得到有效控制;说明后续履职计划以及预期履职效果。其二,专家、群众、人大代表、政协委员、人民监督员等人员,从行政机关履职和社会公益恢复情况等方面,集体研判是否存在有关违法情形。其三,检察机关综合考虑听证结果后,对行政机关是否存在违法情形依法予以判断,作为是否提起行政公益诉讼的依据;如果检察机关决定不起诉,行政机关应积极实施后续履职计划,早日实现维护受损社会公益之目的。[③]

另一方面,强化衔接机制建设。新时代背景下,应当充分发挥行政公益诉讼"督促之诉、协同之诉、补充之诉"的特点和优势,加强与行政机关、人民法院、相关社会组织的有效沟通与有序衔接,共同破解社会治理难题,推动社会治理进程。要克服画地为牢、唱独角戏等错误思想观念,想方设法、多措并举强化衔接机制建设,在生态环保、食药安全、国有财产保护、国土使用权出让等重点领域的信息共享、线索移送、调查取证、专业技术支持方面,积极争取行政机关的支持与配合,真正实现互通有无,资源共享。在强化衔接机制基础上,检察机关应重点监督行政机关是否切实履行事先监管职责;针对事态紧急、可能发生重大危险的,检察机关应通过诉前检察建议等手段,及时督促行政机关积极采取

① 参见王春业:《论行政公益诉讼诉前程序的改革——以适度司法化为导向》,载《当代法学》2020 年第 1 期。

② 调查取证阶段处于公益诉讼诉前程序初期,为节约司法资源、聚焦监督重点,遵循适度性原则,该阶段可以通过听取意见、申诉复议等方式保障行政机关参与权,因而该阶段可不适用听证制度。

③ 参见姬祥:《检察行政公益诉讼诉前程序研究》,山东大学 2019 年硕士学位论文,第 23 页。

应急处理措施。①

2. 去行政化:保障检察权独立行使与完善救济机制

"司法领域内去行政化"作为深化司法体制改革的着力点,是对日益高涨的司法机关去行政化呼声的正面回应,抓住了依法独立公正行使审判权、检察权的关键。② 当前,行政公益诉讼诉前程序行政化色彩较为浓厚,缺乏公正性、中立性,与检察权运行司法化的时代趋势相悖。对此,应当以保障检察权独立性与完善救济程序为抓手,实现诉前程序的去行政化,以提升程序司法属性。

一方面,保障行政公益诉讼诉前程序中检察权独立行使。其一,明确检察机关在诉前程序中的中立性。检察机关的法律监督属性决定了检察审查比法院审判具有更强的能动性,但是新时代检察权应当秉持的基本立场仍应是以"中立"地位履行客观公正义务。③ 尽管检察机关在公益诉讼中能够以"公益代表人"的身份主导公益诉讼进程,仍应保持客观公正的态度,在办案中不代替行政机关行使职能,做到监督不替代,充分发挥诉前程序的作用,充分尊重行政机关的自我纠错能力。其二,保障检察人员在诉前程序中的独立性。"司法实践的经验和教训表明,不解决检察官职权行使的独立性问题,检察权就无法司法化运行。"④因而,在诉前程序中,应当打破层层行政审批机制,赋予检察人员独立办案权限,使其按照司法规律,独立审查取证,独立作出决定,同时承担相应办案责任。

另一方面,完善行政公益诉讼诉前程序中相应救济机制。"有权利必有救济,无救济即无权利",检察权运行的司法化要求赋予被监督对象相应的救济权利。在维护公共利益方面,行政权比检察权更有优势,检察权只是起到督促作用。因而,其一,总体而言,在诉前程序中应当遵循行政权优先原则,充分尊重行政机关主体地位,限制检察权的扩张,树立全面平衡充分发展、双赢多赢共赢的工作理念,引入公开送达、诉前听证、诉前磋商等第三方机制,有效改变该程序中行政机关"沦为工具""被动服从"的现状。其二,具体而言,在诉前程序中,对于检察机关有失合理、轻微违法的调查取证行为以及不够规范、存在瑕疵的检察建议,赋予行政机关相应的异议权、申诉权、复议权;对于严重违法、难以补救的调查行为以及文不对题、明显违法的检察建议,借鉴非法证据排除规则、否认取得证据效力,或者参考程序性制裁理论、宣告制发检察建议之行为无效。

3. 去单一化:探索多元监督方式与完善检察建议工作机制

其一,探索多元监督方式。随着司法实践的不断深入,检察建议成为检察机关实现

---

① 参见王朝阳、徐化成:《需将制度优势转化为治理效能》,载《检察日报》2020 年 3 月 24 日,第 3 版。

② 参见李乐平:《准确把握检察权"去行政化"的内涵》,载《检察日报》2015 年 4 月 3 日,第 3 版。

③ 参见苗生明:《新时代检察权的定位、特征与发展趋向》,载《中国法学》2019 年第 6 期。

④ 参见骆绪刚:《检察权运行司法化研究》,华东政法大学 2015 年博士学位论文,第 38 页。

行政公益诉讼诉前程序的主要方式。[①] 但是,诉前程序中仅存在检察建议这种单一化的监督方式,导致监督效果难以彰显,因而探索多元监督方式至关重要。对此,一方面,发挥诉前磋商程序作用。在立案后、发出诉前检察建议前,增设检察机关与行政机关的磋商程序。检察机关立案后,重点针对轻微行政违法行为、无对抗性、整改难度不大的行政违法行为,围绕可能影响案件定性处理的问题,与行政机关逐条研究、深入探讨,提前议定具体完整、切实可行的解决方案,督促行政机关积极主动履职;对于行政机关依法整改到位、公共利益得以有效保护的,不再制发诉前检察建议。另一方面,发挥纠正违法通知作用。自我控制是建设法治政府的重要支撑之一,强调行政机关通过自身的纠错、监督,使得行政主体对其自身违法或不当行为实现自我发现、自我遏制、自我纠错,[②]因而应当充分重视纠正违法通知在诉前程序中的作用。当前,检察机关纠正违法通知集中于刑事领域,较少涉及民事行政、公益诉讼领域。对此,应当明确规定,诉前程序中检察机关发现违法行政行为涉及国家利益和社会公共利益,有权发出《纠正违法通知书》,督促行政机关及时纠正;行政机关按照通知要求积极整改的,不再提起行政公益诉讼;置之不理、拒不整改的,及时提起行政公益诉讼。

其二,提升诉前程序检察建议刚性化程度。在探索其他监督方式的同时,应当以“案件化办理”为抓手,将检察建议做成刚性、做到刚性,提升诉前程序运行质效。一是规范线索管理机制。坚持“专责化+信息化”原则,由公益诉讼检察和法律政策研究部门联合管理检察建议线索;研发检察建议一体化管理平台,实现信息共享、流程监控和动态管理。[③] 二是完善立案调查程序。明确检察官履职中发现检察建议线索的,应当及时加以评估,作为决定是否立案的依据;提前拟定调查取证方案,明确调查取证手段,依法固定事实证据。三是完善制发送达程序。在制发过程中赋予检察官相关决定权、减少行政审批,保留检委会对于重大检察建议的制发决定权;坚持检察权行使谦抑性原则,杜绝诉前检察建议多发滥发现象;积极落实检察建议公开宣告送达,实行宣告场所化、仪式化、公开化,强化释法说理工作。四是强化回访评估工作。及时回访、全面掌握被建议单位采纳落实情况,关注是否建立长效工作机制,争取地方党委政府的理解支持,推动检察建议落实到位;收到被建议单位回复后及时通过现场调研、问卷调查等方式,对检察建议效果加以评估。[④]

---

① 参见王俊娥、刘慧:《行政公益诉讼诉前检察建议质效问题研究》,载《中国检察官》2019年第4期。

② 参见张莹、胡杰:《论行政公益诉讼诉前程序》,载《江苏警官学院学报》2018年第5期。

③ 参见王新建:《规范检察建议程序　创新检察监督方式》,载《检察日报》2018年8月24日,第3版。

④ 参见江苏省人民检察院课题组:《检察建议“案件化”办理工作模式之探讨》,载《检察调研与指导》2018年第6辑。

消费者和食品领域中惩罚性赔偿责任承担方式探讨

梁金钢*

摘要：惩罚性赔偿制度、补偿性赔偿与"连带责任制""首负责任制"都是我国消费者和食品领域(以下简称消食领域)的赔偿制度的重要内容。惩罚性赔偿与补偿性赔偿具有紧密的联系和相同的法律性质。惩罚性赔偿的适用和数额要以补偿性赔偿为基础，并且两者的性质都是侵权责任和违约责任的竞合，面对现代市场和食品安全的治理需要，惩罚性赔偿应当像补偿性赔偿一样可以适用"连带责任制""首负责任制"。

关键词：惩罚性赔偿　补偿性赔偿　连带责任制　首负责任制

一、引言

《消费者权利保护法》(以下简称《消法》)和《食品安全法》(以下简称《食安法》)是我国消食领域中最重要的两部法律。在这两部法律颁布后，市场环境得到了较大改善，但是侵犯消费者权益的事件、食品事故依然频发。为进一步改善消食领域环境，我国先后在《消法》和《食安法》中引入了美国的惩罚性赔偿制度，这在我国法律制度中是第一次，是一个重大进步。① 与此同时，为了使受害的消费者更好地维护自己的权益，使自己的损失更好地得到救济，我国在《消法》中规定了"连带责任制"这种责任承担制度，同时在《食安法》中规定了"首负责任制"，强化了民事法律责任的追究，更有利于护佑消费者。

毋庸置疑，惩罚性赔偿制度和"连带责任制""首负责任制"两种责任承担制度都是我国消食领域的赔偿制度，都是为了保护消费者的合法权益，打击不法经营者，维护社会公

---

* 梁金钢，南京审计大学法学院2020级法律硕士研究生。本文系江苏省研究生实践创新项目"食品安全社会共治的法治构建研究"(项目编号：SJCX21－0862)的阶段性成果。

① 参见杨立新：《〈消费者权益保护法〉规定惩罚性赔偿责任的成功与不足及完善措施》，载《清华法学》2010年第3期。

平交易秩序。[①] 然而,法律条文本身对"连带责任制""首负责任制"的责任承担范围并不明确,惩罚性赔偿是否适用于这两种责任承担制度亦并不清晰,而立法机关与司法机关也未出台相应的解释,在司法实践与理论研究中均存在争议。因此,本文试通过对惩罚性和补偿性赔偿的关系、性质进行切入,结合文义解释、体系解释等方式进行分析,判断消食领域惩罚性赔偿能否和补偿性赔偿一样,可以适用"连带责任制""首负责任制"。

二、消食领域惩罚性赔偿与补偿性赔偿关系

惩罚性和补偿性两种赔偿责任是消食领域中重要的责任制度,在保障消费者合法权益、维护社会主义市场秩序中发挥着重要的作用,两种赔偿有着一定的区别。首先,在产生方式上,惩罚性的产生方式只来源于法律规定或是法院的判决而不能由双方当事人进行约定,即使当事人约定了赔偿的数额大于实际损失的数额,也不能认定此为惩罚性赔偿。其次,在目的和功能上,消食领域的补偿性赔偿制度主要是使受害人回复到权利受侵犯之前的状态,体现的是"补偿功能",而惩罚性赔偿制度的目的主要是在于震慑不法经营者,净化市场环境,更多的是体现"惩罚功能"。[②] 最后,在赔偿范围上亦有所不同,惩罚性赔偿的数额并不以实际的损失数额为限,赔偿的范围依据法律或者法院的判决往往会高于实际的损失数额。

作为两种重要的赔偿制度,虽然两者有着很大的区别,但也有着紧密的联系。首先,在性质上,惩罚性赔偿和补偿性赔偿都属于民事责任,在两种赔偿制度中各法律主体都是平等的民事主体。两者都是由违反法律义务的一方对受害人承担赔偿责任。其次,惩罚性赔偿和补偿性赔偿都是在消费者的权益受到侵害后所产生的赔偿责任,两种赔偿的数额都是依据于具体遭受损害的范围。再次,尽管惩罚性赔偿的主要目的是遏制不法经营者,净化市场环境,但是它和补偿性赔偿制度一样,也都有保护具体受害者权益不受侵犯,弥补受害者损失的作用。受害人在得到惩罚性赔偿之后,所受的损失也就得到了有效的弥补。[③] 最后,惩罚性赔偿应当以补偿性赔偿的存在为基础。对于惩罚性赔偿的产生,必须满足补偿性赔偿的构成要件。惩罚性赔偿的数额应当和补偿性赔偿之间有一定的比例关系,如果一个经营者不构成补偿性赔偿的构成要件,就不能要求他承担惩罚性赔偿。

三、消食领域补偿性赔偿性质分析

《消法》和《食安法》关于赔偿责任的规定中,并没有"补偿性赔偿"这种表述,而是直

---

① 参见肖峰、陈科林:《我国食品安全惩罚性赔偿立法的反思与完善——以经济法义务民事化归责的制度困境为视角》,载《法律科学(西北政法大学学报)》2018 年第 2 期。

② 参见王利明:《惩罚性赔偿研究》,载《中国社会科学》2000 年第 4 期。

③ 参见刘荣军:《惩罚性损害赔偿与消费者保护》,载《现代法学》1996 年第 5 期。

接以"赔偿"进行规定,但是不言而喻,法律规范中的"赔偿"的范围包含"补偿性赔偿",可以直接适用"连带责任制"和"首负责任制"。然而,赔偿责任规定中的"赔偿"是否包含了"惩罚性赔偿"是不明确的,需要进行讨论。本文先从消食领域中的惩罚性赔偿和补偿性赔偿的性质分析切入,如果两者的责任性质都存在不同,那么便可直接认定惩罚性赔偿不可与补偿性赔偿共同适用"连带责任制"和"首负责任制",反之可继续进行分析。

(一)补偿性赔偿性质分析

在消食领域,如果经营者和其他主体违反法定义务,应当向消费者承担赔偿责任,该赔偿责任究竟是属于侵权责任还是违约责任?笔者认为,经营者与消费者之间形成消费合同关系,产品不符合要求或者经营者欺诈构成了违约,同时由于产品问题或者经营者的欺诈行为造成了消费者的损失,也符合侵权的构成要件。因此,对于消食领域中的补偿性赔偿,违约责任或者侵权责任,两者存在竞合。根据我国《民法典》第 186 条的规定,在案件中允许受害人在违约责任和侵权责任竞合的情况下,选择违约责任或侵权责任而提出请求或提起诉讼,充分尊重当事人的自主意愿,大多情况下受害人会选择对其最有利的方式提起诉讼,确保能够使其损失得到充分的补救。对于侵权责任和违约责任,分别对应有不同的构成要件、举证要求和不同的责任承担方式。如果受害者依据《消法》《食安法》的规定向非合同相对人请求按"连带责任制"以及"首负责任制"承担赔偿责任,此时的补偿性赔偿责任应当属于侵权责任,而不属于违约责任,其理由如下:

首先,从合同法律关系的角度分析,消食领域的"连带责任制"和"首负责任制"损害赔偿责任承担方式不符合《民法典》合同编所确立的合同相对性原则。《民法典》第 465 条第 2 款规定,"依法成立的合同,仅对当事人具有法律约束力,但是法律另有规定的除外"。对于消食领域所产生的补偿性赔偿,生产者和经营者以及其他有特别关系主体所承担的连带责任,在《民法典》合同编中并没有"突破合同相对性"的例外法律规范。如果将《消法》和《食安法》规定的损害赔偿视为违约责任,则消费者只得向合同相对人请求支付补偿性赔偿,如果向没有直接合同关系的主体请求赔偿损失,则突破了"合同相对性"的原则规定。因此,以合同法律关系的角度来分析,认为消费者以及消食领域的"连带责任制"和"首付责任制"损害赔偿方式属于违约责任是不妥当的。

其次,从侵权法律关系的角度分析,消食领域的"连带责任制"和"首负责任制"具有《民法典》侵权责任编的准用规范。[①] 对于《消法》和《食安法》规定的"连带责任制"和"首负责任制",责任范围不只于《民法典》侵权责任编中规定的生产者和销售者,但是前者作为消食领域的特别法,相较于一般民事法律,在该领域理应作出更多的适用情形和

① 参见周友军:《民法典编撰中产品责任制度的完善》,载《法学评论》2018 年第 2 期;参见《民法典》第 1203 条规定:"因产品存在缺陷造成他人损害的,被侵权人可以向产品的生产者请求赔偿,也可以向产品的销售者请求赔偿。产品缺陷由生产者造成的,销售者赔偿后,有权向生产者追偿。因销售者的过错使产品存在缺陷的,生产者赔偿后,有权向销售者追偿。"

更加具体的规定。应当认为，在特定消费情形出现时，《消法》《食安法》的责任承担方式规范相比于基本民法规范而言属于特别规范，结合《民法典》规范对其进行体系解释，应当认为在消食领域，基于“连带责任制”和“首负责任制”的补偿性赔偿应当属于侵权责任。

（二）惩罚性赔偿性质分析

我国在食药领域规定了三种惩罚性赔偿，分别为《消法》第55条第1、2款规定的欺诈性惩罚性赔偿与产品质量惩罚性赔偿以及《食安法》第148条规定的食品领域惩罚性赔偿，笔者将分别进行分析。

对于产品质量惩罚性赔偿，规定在《消法》第55条第2款，较于欺诈性惩罚性赔偿性质的争议，将产品质量惩罚性赔偿可以认定为侵权责任和违约责任的竞合，争议并不大。因产品与服务的质量问题造成消费者的损害，经营者应当承担惩罚性赔偿。其成立的条件满足侵权责任的构成要件，并与《民法典》侵权责任编产品侵权责任一章相互关联，应当认定为侵权责任。与此同时，产品质量侵权不同于一般的侵权问题，这类侵权行为产生于消费合同履行之后，对于经营者而言，没有按照国家标准或者质量要求提供商品，其行为本身构成违约。该种惩罚性赔偿也符合违约责任的构成要件，因而笔者认为《消法》第55条第2款规定的惩罚性赔偿属于违约责任和侵权责任的竞合。

对于欺诈性惩罚性赔偿，[①]其性质在理论上依然存在争议。对于该种惩罚性赔偿的性质，众多学者认为此为合同下的违约责任，并不是侵权责任。其主要理由是：首先，此条款所规定的“欺诈”是相对消费者和经营者之间的合同而确定的，在形式上，是经营者不按约定履行合同造成了消费者的损失。其次，价金的损失和侵权行为所产生的损害后果相比不具有等价性，侵权行为要求行为人具有邪恶且不法的动机，而经营者的欺诈行为往往是追求利益最大化。最后，原《合同法》第113条第2款规定也印证了该种惩罚性赔偿属于违约责任的观点，该条规定，“经营者对消费者提供商品或者服务有欺诈行为的，依照《中华人民共和国消费者权益保护法》的规定承担损害赔偿责任”。在消费欺诈的情形中，原《合同法》规定可以适用《消法》的惩罚性赔偿规范。通过体系解释可以认为，对于《消法》第55条第1款的惩罚性赔偿应当属于违约责任，而不是侵权责任。[②] 然而，随着对欺诈行为更深层次的解释以及《民法典》的出台，笔者亦认为《消法》第55条第1款的惩罚性赔偿性质和一般适用的补偿性责任一样，在性质上并不排斥侵权责任，属于

① 参见《消法》第55条第1款规定：“经营者提供商品或者服务有欺诈行为的，应当按照消费者的要求增加赔偿其受到的损失，增加赔偿的金额为消费者购买商品的价款或者接受服务的费用的三倍；增加赔偿的金额不足五百元的，为五百元。法律另有其规定的，依照其规定。”此条款规定了经营者在欺诈的前提下，应当向消费者承担惩罚性赔偿。

② 参见刘大洪、段宏磊：《消费者保护领域惩罚性赔偿的制度嬗变与未来改进》，载《法律科学（西北政法大学学报）》2016年第4期。

侵权责任和违约责任的竞合,主要理由如下:

第一,欺诈行为符合侵权行为的一般构成要件。侵权行为的一般构成要件分为四部分,分别为加害行为、损害后果、因果关系、行为人主观过错。对于消费欺诈行为,首先,欺诈行为本身就是法律所禁止的,违反诚实信用原则和公平原则的一种行为,其属于加害行为。其次,惩罚性赔偿的适用前提就是认为消费者受到损失,然后再适用惩罚性赔偿增加损失赔偿,说明符合侵权责任中的损害结果之构成要件。然而,在民法学界,部分学者认为单纯的价金不能认定为损害结果,但除价金外,欺诈行为也侵犯《消法》对消费者所赋予的公平交易权以及知情权等合法权利。[①] 最后,正是由于不法经营者的欺诈行为造成了消费者的损失,这之间存在因果关系,且经营者有着故意的过错。

第二,《民法典》的出台对欺诈性惩罚性赔偿的性质认定发生改变。《民法典》颁布之前,原《合同法》第 113 条第 2 款规定:"消费领域有欺诈行为的,依照《中华人民共和国消费者权益保护法》的规定承担损害赔偿责任。"此条款所处位置为《合同法》违约责任一章,反映了欺诈性惩罚性赔偿在性质上应当属于《合同法》所规定的违约行为,从法律的角度排除了侵权行为的适用。然而,《民法典》第 584 条所规定的内容与原《合同法》第 113 条第 1 款一致,但是却将第 2 款对欺诈行为准用《消法》的条款删去。该条款的改变对于我们理解消费欺诈行为的意义是巨大的,我们对消费欺诈行为的定性不能再当然地认为属于违约责任。对该条款的改变进行目的解释,笔者认为此条款的改变亦是为了使消费者能够根据事实自行确定性质,以便更好地保护自身利益。

对于消食领域的惩罚性赔偿的性质,在理论上有学者主张性质为违约责任,有学者认为是侵权责任。笔者认为,《食安法》第 148 条第 2 款规定的惩罚性赔偿和《消法》第 55 条规定的惩罚性赔偿一样,并非一种完全确定的责任性质,而是属于侵权责任和违约责任的竞合。[②] 首先,在消食领域,顾客支付了价金,但是没有得到按照合同约定和法律要求的所能达到的安全标准的,经营者的行为构成违约。此外,该款规定在构成要件上满足侵权责任的要求(理由与《消法》第 55 条类似,此处不再赘述),并且《食安法》第 148 条第 1 款规定,"消费者因不符合安全标准的食品受到损害的,可以向经营者要求赔偿损失,也可以向生产者要求赔偿损失"。该款规定了不符合标准的食品质量侵权的赔偿责任承担方式,两款出现在同一条之中,说明两者的性质不会有太大的区别,对于第 2 款规定也可认定为侵权责任,否则便不符合规范协调的立法原则。因此,笔者认为《食安法》第 148 条规定的惩罚性赔偿在性质上与《消法》第 55 条一致,都是侵权责任与违约责任的竞合。

---

① 参见杨立新:《〈民法典〉对侵权责任规则的修改与完善》,载《国家检察官学院学报》2020 年第 4 期。

② 参见刘俊海、徐海燕:《我国惩罚性赔偿制度的解释与创新》,载《法律适用》2013 年第 10 期。

四、惩罚性赔偿责任承担方式

本文已经对消食领域中的补偿性赔偿和惩罚性赔偿的性质进行了论述分析。对于消食领域中的补偿性和惩罚性赔偿,笔者认为皆属于违约责任和侵权责任的竞合。对于补偿性赔偿而言,不同的责任性质导致不同的责任方式。具体在消食领域,如果适用"连带责任制"以及"首负责任制",当事人必须选择该补偿性赔偿性质为侵权责任。那么,对于惩罚性赔偿,是否可以与补偿性赔偿一样的方式适用呢?法律所规定的"连带责任制"和"首负责任制"在条文上只规定了"赔偿",此处的赔偿范围包括了补偿性赔偿,但是是否包括惩罚性赔偿,无论是在理论中还是司法实践中均未实现统一。笔者认为,在消食领域中,惩罚性赔偿应当和补偿性赔偿一样,可以适用《消法》《食安法》所规定的"连带责任制"和"首负责任制"。笔者将从以下几个方面进行论述。

(一)对相关法条文义和体系解释

在《消法》中,关于连带责任制的规定都是类似于"消费者可以向某某主体要求赔偿"这种形式,譬如《消法》第 43 条规定了展销会举办者以及柜台出资者所应承担的连带责任,该条规定"消费者在展销会、租赁柜台购买商品或者接受服务,其合法权益受到损害的,在展销会结束或者柜台租赁期届满后,可以向展销会的举办者、柜台的出租者要求赔偿"。《消法》第 55 条第 1 款规定"经营者提供商品或者服务有欺诈行为的,应当按照消费者的要求增加赔偿其受到的损失"。此为欺诈性惩罚性赔偿。分析条文含义,当消费者遇到欺诈时,可以要求经营者增加赔偿其所受到的损失,增加后的赔偿依旧属于《消法》中所规定的赔偿,原所受到的损失便为补偿性赔偿,而所增加的数额则为惩罚性赔偿。在此条款中,对于欺诈性惩罚性赔偿,在条文上并没有将其与一般的"赔偿"相区分,只是简单赔偿数额的增加。因为欺诈性惩罚性赔偿在条文中并没有和其他的赔偿相区分,在性质上依旧属于赔偿,通过对法律条款的系统理解,在消食领域中,包括《消法》第 43 条在内的连带责任规范中所指的"赔偿"既应当包括一般性的补偿性赔偿,也包括《消法》第 55 条第 1 款所增加的惩罚性赔偿。

《消法》第 55 条第 2 款规定了产品质量惩罚性赔偿,但是不同于第 1 款的欺诈性惩罚性赔偿,该条款将惩罚性赔偿的内容与补偿性赔偿进行了区分,条文规定在产品质量存在缺陷造成人身损害的,可以向经营者要求赔偿损失,并有权要求承担惩罚性赔偿。此款单独规定了"惩罚性赔偿"这一概念,我们就不能从文义上直接认为消食领域中的"连带责任制"中的"赔偿"包含惩罚性赔偿。然而,我们知道,相较于一般的销售欺诈行为,《消法》第 55 条第 2 款规定的产品质量问题已经对消费者的人身健康造成了损害,具有更大的危害性,欺诈性惩罚性赔偿可以适用连带责任制度,举轻以明重,对于《消法》产品质量惩罚性赔偿也应当适用连带责任制度。[①]

---

① 参见吕曰东:《当然解释的依据与思维进路》,载《法律适用》2015 年第 2 期。

《食安法》第 148 条第 2 款规定了食品领域惩罚性赔偿制度,在此条款中,立法者依旧是将一般的补偿性赔偿与惩罚性赔偿进行区分,该条规定"生产不符合食品安全标准的食品或者经营明知是不符合食品安全标准的食品,消费者除要求赔偿损失外,还可以向生产者或者经营者要求价款十倍或者损失三倍的赔偿金"。相比于一般消费领域中的"连带责任制",食品领域在上述法条第 1 款规定了首负责任制度,目的是更好地保障对国计民生具有更大意义的食品市场。因此,对于连带责任制度和首负责任制度适用于食品领域的惩罚性赔偿是十分必要的。此外,食品领域的首负责任制度和惩罚性赔偿都是规定在《食安法》第 148 条中,从法律应当统一协调的逻辑进行分析,也应当认为该条第 1 款的首负责任制度适用于第 2 款的惩罚性赔偿制度。[①]

(二)从惩罚性赔偿与补偿性赔偿的性质与联系分析

首先,在性质上,本文认为消食领域中惩罚性赔偿既有侵权责任又有违约责任。引发侵权责任与违约责任的,是侵权行为和违约行为,而行为本身不仅产生了惩罚性赔偿,也产生了补偿性赔偿。对于消食领域的补偿性赔偿,其性质是属于侵权责任和违约责任之竞合,当事人可以选择适用,如果消费者希望相关主体承担连带责任以及首负责任,则消费者必须选择以侵权责任起诉。在《民法典》颁布前,根据原《合同法》的规定,我们认定欺诈性惩罚性赔偿属于违约责任,此时我们不能将补偿性赔偿的承担方式类推适用于惩罚性赔偿。然而,在《民法典》颁布后,对于欺诈性惩罚性赔偿的性质已不再只是违约责任,而和其他惩罚性赔偿一样属于侵权责任与违约责任,这是法律规范统一适用的需要。因此通过前文的论证,在消食领域中,惩罚性赔偿和补偿性赔偿在具体的案件中,都是产生于一个共同的行为,并且都有着共同的性质,如果在适用的时候采取不同的标准,那么将会造成司法以及执法的混乱,造成与"同案同判"统一适用法律的法治原则相背离。因此,笔者亦认为,惩罚性赔偿作为一种违约责任和侵权责任的竞合,和补偿性赔偿一样,如果消费者希望相关主体承担连带责任和首负责任,则需要选择适用侵权责任。

其次,在联系上,笔者认为尽管惩罚性赔偿和补偿性赔偿之间有区别,但也有紧密的联系。两者之间紧密的联系决定了惩罚性赔偿也可以和补偿性赔偿适用同样的责任承担方式。首先,补偿性赔偿是惩罚性赔偿产生的基础,如果没有补偿性赔偿,便没有惩罚性赔偿。并且对于消食领域中的惩罚性赔偿数额,都与补偿性赔偿的数额形成一定的比例规定在《消法》和《食安法》之中。[②] 此外,我国《民事诉讼法》有禁止重复起诉即一事不再理原则,惩罚性赔偿和补偿性赔偿来源于同一经营者的不法经营行为,如果将之以不同的标准进行审理裁判,将会浪费司法资源,引起不必要的诉讼麻烦。因此,对于"连带责任制"与"首负责任制",应当同时适用惩罚与补偿性赔偿,共同审理,共同认定,节约司

---

① 参见刘大洪、岳振宇:《论经济法的发展理念——基于系统论的研究范式》,载《法学论坛》2005 年第 1 期。

② 参见刘大洪、岳振宇:《论经济法的发展理念——基于系统论的研究范式》,载《法学论坛》2005 年第 1 期。

法资源,便利公众维权。

（三）从更好地保障市场环境角度分析

随着市场经济高速发展,人们的物质生活水平极大提高,但与此同时,市场上开始出现一些企业为了盈利,置诚实信用等商业道德于不顾,通过非法的、不正当的手段去侵害消费者的利益。其中最为重要的就是向消费者隐瞒有关商品或服务的质量、价格等方面的信息,从而进一步导致企业和消费者之间出现"信息偏差"或者"信息不对称"的问题,这些问题导致"市场失灵",引发系统性经济风险。与此同时,食品作为一种特殊的商品,影响着亿万国人的健康与安全,如果对食品生产领域的经营者不加以监管,不仅会出现市场经济的混乱,更会对国民健康安全造成极大的威胁,"三鹿奶粉""瘦肉精"等案例已经为我们敲响了警钟,因此《消法》和《食安法》的应运而生,惩罚性赔偿和"连带责任制"、"首负责任制"一样,都是为更好地遏制不法经营者,维护市场交易安全,保障市场环境和人民生命财产安全,真真切切地保护消费者的合法权益不受侵犯,使广大消费者成为市场的监督者,这种宏观的监督作用使民法与经济法良性互动,推动市场经济更好发展。①

因此,我们在解释和分析《消法》和《食安法》的时候,理应采取更有利于消费者的角度。对于普通民众,可能无法区分所谓"惩罚性赔偿"和"补偿性赔偿",他们耳熟能详的更多的可能是"假一赔三"或"假一赔十"等法律简称。既然法律规定了连带赔偿和首负责任制度,便是给公民增加了维护自己权益的渠道,公民应当通过这些渠道完全地得到应有的赔偿,但是如果将惩罚性赔偿和补偿性赔偿区别对待,那么对普通公众而言,这几项制度的效果将会大打折扣,无法实现原有的立法目的。

由此可见,对消食领域的惩罚性赔偿,为了发挥应当有的作用,产生预期的法律效果,有效地保障市场的环境,应当将其与其他配套性的法律制度统一适用,而不能机械地、孤立地、割裂地理解和适用法律。② 对于司法机关和执法机关,在尊重事实和法律的基础上,应当把维护消费者的利益放在首位,切实维护社会公众的合法权益,实现社会主义市场经济的长久稳定。同时,也应当鼓励消费者,积极地利用法律所赋予的各项权利,来维护和保障自身的利益,维护社会的交易安全。

---

① 参见秦国荣:《经济法学基本理论研究的困境与出路》,载《南京师范大学学报(社会科学版)》2004 年第 5 期。

② 参见《最高人民法院关于统一法律适用加强类案检索的指导意见(试行)》,载《人民法院报》2020 年 7 月 27 日,第 3 版。

案例研究

检察指导性案例在司法实务应用中的几个问题
——以刑事检察指导性案例为例

郑　毅*

摘要：检察案例指导制度是我国案例指导制度的重要组成部分。强化和巩固检察指导性案例对司法实践的指导作用是完善检察案例指导制度的必然要求。虽然检察指导性案例不是正式的法律渊源，但是经过规范、严谨的类案检索，检察指导性案例在类案的说理和论证等方面仍具有强制参照适用的效力。在司法实践中，可以从基本案情、争议焦点、法律适用、量刑情节四个方面对个案和检察指导性案例进行比较，确定参照适用的具体案例。针对当前检察指导性案例存在的不足，应当着力强化案例对疑难复杂法律问题的说理和论证，凸显其专业性和指导性特征。

关键词：检察指导性案例　刑事检察　类案检索　参照适用

建立检察案例指导制度是我国司法改革的重要内容之一。2019 年 1 月 1 日起施行的《检察院组织法》第 23 条第 2 款规定，“最高人民检察院可以发布指导性案例”，这成为检察指导性案例的立法依据。[①] 在该法颁布前，检察案例指导工作就已经全面铺开，并有效地指导了司法实践的开展。自 2010 年 7 月 29 日最高人民检察院发布的《关于案例指导工作的规定》（以下简称《高检院案例指导工作规定》）通过至今，该规定历经两次修订，在规范检察机关案例指导工作，发挥检察指导性案例对检察办案工作的示范引领作

---

* 郑毅，江苏省苏州市吴中区人民检察院第二检察部检察官。

① 根据该条规定，指导性案例的发布主体是最高人民检察院，该主体确定且唯一。因此，我们认为，检察指导性案例特指最高人民检察院发布的指导性案例。

用等方面起到了积极作用。截至目前,最高人民检察院已发布28批110件指导性案例,[①]初步确立了我国的检察案例指导制度。从近年来该制度的运行实效来看,检察指导性案例在弥补立法疏漏、统一法律适用标准、指导检察工作开展和推进法治宣传教育等方面发挥了不可替代的作用。

强化类案指导、弥补立法疏漏、统一法律适用标准是建立检察案例指导制度的初衷,也是检察指导性案例的重要价值功能之一。在最高人民法院发布的《关于统一法律适用加强类案检索的指导意见》对法院指导性案例的检索和适用作出明确规定后,如何有效发挥检察指导性案例对司法实践的指导作用就成为学界和检察实务人员热议的话题。部分地区的检察机关结合本地实际,先行先试,相继出台了关于本地区类案检索的意见[②],对检察指导性案例与司法实践中的个案参照适用进行有益的探索和尝试。笔者将从检察指导性案例的效力位阶、检察指导性案例在个案中参照适用的方法以及当前检察指导性案例存在的问题和不足等方面展开论述,并提出完善检察指导性案例的意见和建议。[③]

一、检察指导性案例的效力位阶

我国的案例指导制度不同于英美法系国家的判例制度,在成文法体系中,检察指导性案例不是正式的法律渊源,不具有法的强制约束力,其对司法实践中个案的指导属于事实上的指导,而非规范意义上的指导,即"检察指导性案例发挥作用,主要在于因其对法律精神的准确阐释和精准应用,对司法人员有较强的说服力,能够通过要旨提炼和指导意义的说明,获得司法人员的认同,从事实上对司法实践产生影响,发挥指导司法的功能作用"。[④] 也就是说,检察官在办理类似案件的过程中可以引述相关指导性案例的裁判要旨和精神内涵进行说理和论证,但不得将指导性案例作为案件定性、量刑的法源依据。[⑤]

这里需要特别说明的是,检察指导性案例虽然不是正式的法律渊源,但具体到个案,其参照适用的价值却是确定的,具有"强制参照适用"的功能,这一点不以办案人员的喜好为转移。如果个案与指导性案例在事实认定、证据采信和法律适用等方面具有相似性,根据《高检院案例指导工作规定》第15条的规定,承办检察官"应当"参照指导性案例

---

① 统计时间截至2021年5月30日。

② 如2020年9月17日,江苏省苏州市人民检察院印发了《苏州市人民检察院关于加强类案检索的规定》(以下简称《苏州类案检索规定》),该规定自印发之日执行。

③ 当前检察指导性案例已逐步覆盖刑事、民事、行政和公益诉讼"四大检察"领域,本文所探讨的检察指导性案例仅指与审查起诉工作密切相关的刑事检察指导性案例。

④ 万春:《检察指导案例效力研究》,载《中国法学》2018年第2期。

⑤ 《高检院案例指导工作规定》第15条第1款规定:"各级人民检察院应当参照指导性案例办理类似案件,可以引述相关指导性案例进行释法说理,但不得代替法律或者司法解释作为案件处理决定的直接依据。"

办理类似案件,在检察委员会审议案件时,承办检察官应当报告有无类似指导性案例,并说明参照适用情况。可见,在有指导性案例可供参照的情况下,参照适用是承办检察官的工作职责。

此外,作为我国案例指导制度的重要组成部分,最高人民法院发布的刑事指导性案例与检察指导性案例一样,对刑事司法实践起着举足轻重的指导作用。由于审判机关在刑事案件的裁判过程中处于核心地位,最高人民法院发布的刑事指导性案例在我国案例指导体系中的效力位阶是否高于检察指导性案例,办案人员在参照适用时是否应当优先考虑法院系统的指导性案例,目前在司法实践中存在争议。从最高人民法院发布的《关于统一法律适用加强类案检索的指导意见》第 4 条的规定来看,类案检索的范围包括最高人民法院发布的指导性案例、典型案例、裁判生效案件和本省高级人民法院发布的参考性案例、裁判生效案件等,并特别指出,"已经在前一顺位中检索到类案的,可以不再进行检索"。但根据部分地方检察机关制定的类案检索规定,最高人民检察院发布的指导性案例、典型案例的效力位阶优先于最高人民法院的相关案例。[①] 笔者认为,最高人民法院的刑事指导性案例与检察指导性案例都是对个案的说理和论证产生事实上的约束力,不具有法的强制约束力,两者都是指导法律适用,体现了上级司法机关对下级司法机关行使自由裁量权的规范监督和业务指导,其效力不应存在高低之分。两者虽然分属不同的司法系统,但参照适用的效力应当是同等的,法官或检察官遇有合适的案例时,都有参照适用的职责,因为最高人民法院、最高人民检察院发布的指导性案例多数源于人民法院裁判生效的案件,在司法实践中具有疑难性、典型性和示范性,在制发过程中都经历了检、法两家相互征求意见、专家论证等程序,也都取得了一致意见,因此,检、法系统各自发布的指导性案例对法官或检察官办理类似案件,均具有同等效力的参照适用价值。

二、检察指导性案例参照适用的方法

检察指导性案例参照适用的方法,是指个案符合何种条件,或者达到何种标准时,可以参照适用相应的指导性案例。关于检察指导性案例参照适用的条件,目前最高人民检察院没有出台书面文件予以明确。根据最高人民法院《关于统一法律适用加强类案检索的指导意见》第 1 条的规定,所谓类案,是指与待决案件在基本事实、争议焦点、法律适用问题等方面具有相似性,且已经人民法院裁判生效的案件。从该条规定可以看出,法院系统主要是从案件事实、争议焦点、法律适用三个方面对个案和指导性案例进行识别和比对,具有相似性的,即可以参照适用。而根据《苏州类案检索规定》第 2 条的规定,"类

---

① 例如,根据《苏州类案检索规定》第 4 条的规定:"检索的类案范围,应当参照以下顺序进行:(一)最高人民检察院、最高人民法院发布的指导性案例;(二)最高人民检察院发布的典型案例,《最高人民法院公报》刊登的案例,最高人民法院发布的典型案例、参考案例……"

案检索是指检察官通过在线检索、查阅资料等方式,收集与所办案件在案件基本事实、量刑情节、法律适用等方面相类似的案件,通过分析、比对,为所办案件在定性、量刑等方面提供参考。”从该条规定可以看出,关于指导性案例参照适用的条件,检、法两家的意见基本一致,只是检察机关出于落实《刑事诉讼法》第 15 条关于认罪认罚从宽制度、提出确定刑量刑建议的需要,更加注重指导性案例在量刑情节、精准量刑等方面的指导作用。笔者认为,应当从以下几个方面对个案和检察指导性案例进行比较,确定参照适用的具体案例:

(一)基本案情

具有相似或者基本一致的案件事实是参照适用指导性案例的前提和基础。在基本案情一致的情况下,才有可能存在相同的理论争点和法律适用问题。这一点在某些利用新型作案手段实施的犯罪中较为常见。如检例第 14 号“孙建亮等人生产、销售有毒、有害食品案”,被告人孙建亮等人明知盐酸克伦特罗(俗称瘦肉精)是国家禁止在饲料和动物饮用水中使用的药品,而用以养殖供人食用的动物并出售,构成生产、销售有毒、有害食品罪;检例第 37 号“张四毛盗窃案”,被告人张四毛利用技术手段,通过变更网络域名绑定邮箱及注册 ID,实现了对域名的非法占有,并使原所有人丧失了对网络域名的合法占有和控制,遭受了直接的经济损失,构成盗窃罪;检例第 38 号“董亮等四人诈骗案”,被告人董亮等人先购买、租赁未实名登记的手机号注册网约车乘客端,再虚构用车订单,并用本人或其实际控制的其他司机端账户接单,发起较短距离用车需求,后又故意变更目的地延长乘车距离,致使应付车费大幅提高,骗取网约车公司垫付车费,构成诈骗罪。上述指导性案例明确了添加瘦肉精、盗窃网络域名、网约车刷单诈骗等行为的入罪思路和罪名适用,及时回应了司法实践中出现的新问题,办案人员遇到相同或相似的案件时,可以直接参照指导性案例进行说理和论证。

(二)争议焦点

办案人员在办理与指导性案例内容相似的案件时,往往会遇到同样的理论争点,因此具有相似的争议焦点或疑难问题也是参照指导性案例的重要依据之一。如检例第 42 号“齐某强奸、猥亵儿童案”中主要存在两大争议焦点:一是被告人齐某利用教师身份,多次奸淫两名幼女,能否认定为奸淫幼女情节恶劣,在有期徒刑 10 年以上量刑;二是被告人齐某在教室、集体宿舍等场所多次实施猥亵行为,能否认定为在公共场所“当众”实施猥亵。对此,该指导性案例认为,首先,虽然根据相关法律规定,奸淫幼女多人一般是指奸淫幼女三人以上,而本案中,被奸淫的幼女只有两人,但是,被告人齐某多次强奸、猥亵被害人,案发地点在校园内,对被害人及其家人的伤害非常大,对其他学生也造成了恐惧,其危害性并不低于奸淫幼女三人的行为,据此可以认定为“情节恶劣”;其次,应当正确理解在公共场所当众实施猥亵中“当众”的含义。被告人齐某在熄灯后进入女生集体宿舍,当时就寝人数较多,床铺之间没有遮挡,其猥亵行为容易被同寝其他人感知,符合

“当众”的要求。因此,笔者认为,办案人员在选择检察指导性案例的过程中,如果发现个案与某一指导性案例的争议焦点一致或者相似,就可以参照该案例解决争议问题的论证思路,为我所用。

(三)法律适用

参照检察指导性案例的主要目的在于找准争议焦点,确定法律适用,规范行使检察裁量权,确保司法的稳定性和公正性。办案人员在办理个案的过程中及时、准确地找到争议焦点,发现案件的症结并不难,准确地适用法律,形成正确的审查结论才是真正的难点所在。办案人员在进行类案检索时,通过科学的比较基本案情、争议焦点,找到可供参照的指导性案例,然后根据该指导性案例在解决争议焦点、确定法律适用等方面所作的说理和论证,总结、提炼指导性案例的精华,再运用于个案的处理,是符合参照适用检察指导性案例的一般规律的。如检例第 17 号“陈邓昌抢劫、盗窃,付志强盗窃案”中,被告人陈邓昌入户盗窃后,被被害人当场发现,意图抗拒抓捕,当场使用暴力威胁被害人不许其喊叫,然后逃离案发现场,不仅应当认定为转化型抢劫,而且还构成入户抢劫。该指导性案例就对司法实践中经常出现的“入户盗窃——转化抢劫”的类型化行为作出了分析和论证,并进而认为不应排除认定“入户抢劫”的情节,做到罚当其罪,也为办案人员在办理同类型案件时正确适用法律提供了有效的参照。

(四)量刑情节

提出确定刑量刑建议,确保个案量刑建议的精准是 2018 年《刑事诉讼法》修正后检察机关面临的全新课题和挑战。根据《人民检察院刑事诉讼规则》第 275 条的规定,犯罪嫌疑人认罪认罚的,人民检察院应当就主刑、附加刑、是否适用缓刑等提出量刑建议。量刑建议一般应当为确定刑。此前,检察机关向人民法院提起公诉时所提出的大多为幅度刑,基于量刑建议“求刑权”的法律属性,承办检察官只需要以建议的形式向人民法院提出量刑的大致区间,“被动地等待”人民法院的判决即可。但在当前认罪认罚从宽制度全面铺开的新形势下,立法要求检察机关的量刑建议一般应当为确定刑,人民法院一般也应当采纳检察机关指控的罪名和量刑建议,这就在一定程度上赋予了检察机关深度参与裁量刑罚的司法职责。这项职责从无到有,是检察机关面临的全新课题和挑战,承办检察官在加强业务学习和培训的同时,通过科学的类案检索,参照适用在量刑情节等方面具有相似性的指导性案例就成为检察机关实现量刑建议精准化的有效手段之一。而目前相当一部分检察指导性案例都源于人民法院裁判生效的案件,在“基本案情”和“诉讼过程”部分都摘录了人民法院的裁判结果,这就为承办检察官提出确定刑量刑建议提供了明确、具体的参照。

三、检察指导性案例存在的问题和完善对策

作为我国案例指导制度的重要组成部分,检察指导性案例自诞生至今已逾 10 年,在

推动检察机关统一法律适用标准、指导检察工作开展、规范检察裁量权的运行等方面发挥了重要作用。但是,相比于法院系统的指导性案例,检察指导性案例还存在一些问题和不足,需要检察机关不断探索和完善。

(一)检察指导性案例对司法实践中常见疑难复杂问题的关注不足

部分检察指导性案例侧重对国家刑事司法政策和检察机关办案效果的宣传,没有对当下困扰基层司法实践的热点、难点问题给予及时的关注和回应,并作出专业化的分析,这在一定程度上限制了检察指导性案例在指导检察机关正确适用法律、解决疑难复杂问题等方面发挥其应有的作用。如检例第1号“施某某等17人聚众斗殴案”,该案例的主题是规范和指导检察机关依据法律、法规,立足案件事实,妥善作出不起诉决定。但是,该案例没有就作出不起诉决定的理由进行详细的、有条理的说明,却将大量篇幅用于介绍办案单位所做的类行政化的程序性工作,如成立化解矛盾工作小组,化解双方积怨;走访当地党委、政府,深入一线调研等。笔者认为,不论是相对不起诉、还是绝对抑或存疑不起诉,《刑法》《刑事诉讼法》等法律法规均有明确的条款规范其适用条件,符合该条件是作出不起诉决定的前提。因此,该指导性案例应当将主要篇幅用于阐释作出不起诉决定的理由和依据,分析作出该不起诉决定是否符合法定要件,然后在此基础上,再通过做好上述调查研究和释法说理等工作,减少对立,化解当事各方的积怨,增强不起诉决定的社会认可度和接受度。

笔者认为,对当下一些社会热点和带有一定普遍性的疑难复杂法律问题,检察指导性案例应当予以必要的回应,为检察机关办理类似案件提供权威和及时的指导。如前段时间热议的为治疗罕见病,进口或贩卖境外仿制药是否应以销售假药罪论处,以及当前无证倒卖成品油等危险化学品是否构成非法经营罪等问题,这一类问题往往在一定时期内社会关注度较高,在法律适用等方面存在较为普遍的疑难性和复杂性。及时回应和解决上述问题,不仅可以定分止争,提高检察机关的办案效率,还有利于强化和巩固检察指导性案例的权威和指导地位。

(二)部分检察指导性案例对疑难复杂问题的说理和论证不足

指导性案例的权威性不仅源于发布机关的级别和地位,还源于其对疑难复杂法律问题的说理和论证,这是指导性案例之所以权威的灵魂所在。但是目前部分检察指导性案例却将大量篇幅用于介绍公诉人出庭履职的过程和案件在侦查、审查起诉、审判等环节经历的诉讼过程,没有对罪与非罪、此罪与彼罪、量刑情节等关键问题进行充分的说理和论证。如检例第10号“卫学臣编造虚假恐怖信息案”,该案例仅在“要旨”部分简要论述了如何认定编造虚假恐怖信息,严重扰乱社会秩序,却没有就该争议焦点进一步展开系统、严谨的说理和论证;再如检例第38号“董亮等四人诈骗案”中,被告人是网约车司机,其利用网约车平台的管理疏漏,通过互联网技术手段诈骗网约车公司的车费垫付款和订单补贴,这是互联网经济兴起后出现的一种新型诈骗犯罪模式。对于新型诈骗犯罪模式,该案例本应围绕诈骗罪的犯罪构成要件,着力论证该犯罪模式的入罪思路,为遇到类似案件的办案人员准确认定新型诈骗犯罪模式的罪与非罪提供权威指导,确保办案的质量和效率,但该案例仅在"要旨"和"指导意义"部分简要介绍了认定该犯罪模式构成诈骗罪的结论,没有进行相应的说理和论证,这使办案人员只知道该新型犯罪模式构成诈骗罪,却无从得知该犯罪模式构成诈骗罪的理由,不利于其准确理解和把握检察指导性案例的精神实质,也在一定程度上弱化了案例的指导意义和价值。

对此,我们认为检察机关可以借鉴最高人民法院发布的指导性案例、《刑事审判参考》指导案例的"裁判理由"部分,在检察指导性案例的"指导意义"部分重点围绕犯罪构成要件,对争议焦点和法律适用进行系统的说理和论证,彰显检察指导性案例的专业化特征,为办案人员深入学习和研究检察指导性案例提供便利条件。

(三)检察指导性案例的备选推荐渠道有待拓宽

根据《高检院案例指导工作规定》第 5 条和第 6 条的规定,最高人民检察院备选指导性案例的来源主要有以下三个:一是各省级人民检察院收集和审查本地区的备选案例,并向最高人民检察院推荐;二是承办具体案件的人民检察院或者承办检察官向其所属的省级人民检察院推荐备选案例;三是人大代表、政协委员、人民监督员、专家咨询委员以及社会各界人士可以向承办具体案件的人民检察院或者其上级人民检察院推荐备选案例。

从上述规定来看,当前检察指导性案例的来源可以简单归纳为"两种模式,三条路径",前两条路径属于系统内推荐模式,第三条路径是系统外推荐模式;在系统内推荐的模式下,又分为省级人民检察院自上而下收集和选送案例、承办单位和个人自下而上推荐案例两条路径。但考察已发布的检察指导性案例可以发现,当前大部分案例是省级人民检察院自上而下收集并推荐至最高人民检察院的,承办单位向省级人民检察院推荐的较少,至于承办检察官个人向上推荐案例,以及社会各界人士主动向检察机关推荐案例的情况就更少了。

笔者认为,在遴选检察指导性案例的过程中,确定省级人民检察院具体负责收集、整理案例素材和接收下级人民检察院推荐案例对于确保备选案例的质量、把好检察指导性案例的"入口关"具有重要意义。但是,我们也应该看到,囿于上下级检察机关对个案处理结果的认识分歧、个别省级院检察官的个人喜好以及对案例要旨和指导意义的理解不一致等方面的原因,部分在说理和论证、归纳和总结指导意义以及服务社会治理等方面具有较高参考价值的案例未被纳入省级人民检察院向上推荐的范围,这在客观上不利于最高人民检察院全面了解备选案例的个体素质,堵塞了部分优秀案例的上升通道。另外,由社会各界人士向检察机关推荐案例的系统外模式至今仍只停留在纸面规定上,没有真正贯彻落实。对此,最高人民检察院或省级人民检察院应及时出台实施细则,畅通承办检察官向上推荐案例和社会各界人士向检察机关推荐案例的渠道,真正实现检察指导性案例来源的多样化,以提高检察指导性案例的社会认可度和接受度。

检察机关类比适用检察指导性案例方法研究

郝健伟*

摘要:检察指导性案例是检察机关指导办案的重要形式,最高人民检察院《关于案例指导工作的规定》明确了检察机关办理类似案件应当参照指导性案例的要求,但是对于参照适用的方法并未明确。采用类比推理适用方法可以保证"同案同判"正义价值的实现,弥补法律漏洞,满足社会实践的现实需要。实践中,采用类比推理方式适用检察指导性案例,须在操作过程、相似性判断、适用限制等方面严格依照类比适用的规则,推动指导性案例充分发挥其指导作用。

关键词:检察指导性案例　类似案件　类比推理

一、检察机关类比适用检察指导性案例的背景

最高人民检察院《关于案例指导工作的规定》(以下简称《规定》)于2010年7月29日在最高人民检察院第十一届检察委员会第四十次会议通过,2015年12月9日最高人民检察院第十二届检察委员会第四十四次会议第一次修订,2019年3月20日最高人民检察院第十三届检察委员会第十六次会议第二次修订。修订后的《规定》第15条规定:"各级人民检察院应当参照指导性案例办理类似案件,可以引述相关指导性案例进行释法说理,但不得代替法律或者司法解释作为案件处理决定的直接依据。各级人民检察院检察委员会审议案件时,承办检察官应当报告有无类似指导性案例,并说明参照适用情况。"根据《最高人民检察院〈关于案例指导工作的规定〉理解与适用》的观点,这里的"类似指导性案例",是指最高人民检察院发布的指导性案例,也包括最高人民法院发布的指导性案例。[①] 这说明检察机关在办理案件过程中,发现所办案件与最高人民检察院、最高

---

* 郝健伟,江苏省无锡市梁溪区人民检察院第一检察部检察官助理。

① 参见李文峰、张杰:《最高人民检察院〈关于案例指导工作的规定〉理解与适用》,载《人民检察》2019年第8期。

人民法院的指导性案例类似时,应当参照指导性案例办理,如果不参照适用,应当由承办检察官向检察委员会作出书面报告。这种"类似案件参照办理"的模式,笔者称为"类比适用",其本质[①]是采用类比推理的方法适用指导性案例体现的法律规则、原则,用于解决个案的定罪量刑等法律适用问题。

自 2010 年 12 月 31 日以来,最高人民检察院先后发布二十八批共 110 件指导性案例,内容涵盖刑事检察、民事检察、行政检察和公益诉讼四大领域,这些案例对于填补法律法规存在的不足和漏洞,及时阐明法律模糊边界,统一司法审判尺度,积极回应社会热点关切等方面发挥重要作用。但是,根据调查,检察指导性案例应用于法院判决的为 0,应用于检察实践的有 5 例,其中有 2 例是参照最高人民检察院第十二批指导性案例,认定属于"正当防卫"情形。[②] 有学者认为,制约检察指导案例适用效果的因素有:(1)指导性案例参照方法缺失;(2)类似案件对比缺乏统一标准;(3)缺乏案例法观念和引用案例的习惯;(4)指导性案例效力级别偏低和应用力不足;(5)缺乏健全的案例应用和管理机制。[③] 也有学者认为,制约指导性案例应用存在三大"瓶颈",分别是:(1)效力"瓶颈",指导性案例制度的约束力不强;(2)供需"瓶颈",指导性案例不能完全适应司法实践需要;(3)技能"瓶颈",缺乏应用案例的必要技能。[④] 综上所述,检察指导性案例的应用情况不容乐观,制约其适用的因素可以概括为两个:一个是内部因素,体现在数量和质量上,就数量而言,检察指导性案例总数偏少,虽然覆盖四大检察,但涉及具体疑难复杂问题的覆盖面还不广,尚未形成规模效应;就质量而言,检察指导性案例的释法型规则还不多,需要在释法说理方面加强,比如在第一批指导性案例中,"要旨"表述的是提示性内容,没有对现有法律漏洞进行填补说明。另一个是外部因素,体现在方法和管理上。就方法而言,《规定》中只提到"应当参照、可以引述",但未对类似案件如何判断,参照标准等方法予以明确;就管理而言,调查显示基层办案人员对指导性案例的重视程度不够,适用指导性案例的思维和习惯还没有养成,上级检察机关缺少对办案人员的案例应用培训。

对于上述问题,最高人民检察院在 2019 年修订的《规定》中明确指导性案例"类似案件应当参照适用"的效力,建立一套自上而下的指导培训制度和自下而上的案例编写制度。比如,《规定》第 16、17 条规定,由最高人民检察院建立指导性案例数据库,由各级人民检察院将指导性案例纳入业务培训。2021 年,最高人民检察院每年印发指导性案例工作计划,按照该工作计划围绕各类检察工作主题制发指导性案例。这些举措在很大程度

---

① 张杰:《指导性案例应用的方法考察与实践突破》,载《检察调研与指导》2019 年第 5 辑。

② 这两例分别是:(1)2019 年福建福州赵宇正当防卫案;(2)2019 年河北保定王新元、赵印芝正当防卫案。这两例案件均是检察机关在审查起诉阶段适用检察指导性案例释法说理,依法作出不起诉决定。

③ 参见张杰、苏金基:《检察指导案例的实践应用效果》,载《国家检察官学院学报》2018 年第 4 期。

④ 参见谢彩凤、赵鸿章:《从"柔性参考"到"刚性参照":指导性案例应用现状探究及完善——以 52 个指导性案例的援引情况为分析视角》,载《尊重司法规律与刑事法律适用研究》(全国法院第 27 届学术讨论会获奖论文集,2016 年)。

上提高了检察指导性案例的普及程度,也激发了基层办案人员理解适用指导性案例的积极性。

二、检察机关类比适用检察指导性案例的必要性分析

指导性案例应用的本质是类比推理方法的适用。因此,检察机关类比适用检察指导性案例的必要性,即类比推理方法的必要性,主要体现在以下三个方面:

(一)体现正义原则的价值

古罗马以来,人们一直信奉“在相似的案件中,救济手段也应该相似”,以及“好的法律对类似的案件会提供类似的救济”,并认为“法律中没有什么事情比对同类案件适用不同的法律更难以容忍的”。① 这些法谚反映出人们对“类似案件类似处理”的正义原则的追求。人们之所以要追求“类似案件类似处理”,是因为人们渴望法律的确定性,对法律有预期。在判例法国家,一旦案件形成判例,就形成法律预期,人们可以通过了解判例预判自己行为的后果,谨慎行事。如果出现同类案件不同判决,就会打破这种确定性,使人失去对法律的预期,产生恐惧。而且,从整个法律体系而言,法律要保持连续统一,不能朝令夕改,面对复杂的社会生活,不可能出现完全相同的两个案件,但是会存在许多类似案件,这就需要司法者凭借自己的生活经验、人生阅历、法律知识等对案件的类似性进行归纳总结,对类似案件背后的法律价值进行说明,从而实现类似案件也能获得已决案件的法律价值的含义。

对检察机关而言,“同类情况同等对待”就要求检察机关在办理案件过程中要重视指导性案例的检索比对,对于符合类似性要求的同类案件,应当参照指导性案例进行办理,特别是在释法说理部分,可以引述指导性案例适用的法律依据、要旨、指导意义等。

(二)弥补演绎推理的不足

我国属成文法国家,在法律适用时以演绎推理为主,俗称“三段论”,即从法律规定(大前提)、案件事实(小前提)推出判决或裁定(结论)。检察机关作为刑事诉讼的主体之一,在办理刑事案件过程中,依法享有批准逮捕权、提起公诉权等实质性权力,决定刑事案件的基本走向。特别是在审查起诉阶段,检察机关通过审查侦查机关移送的案卷材料,对犯罪事实进行归纳、总结、定性、提出量刑建议,最后作出起诉或者不起诉的决定。在这一过程中,演绎推理发挥重大作用,是检察机关审查犯罪事实,定罪量刑的主要法律推理方式。但演绎推理也存在一定的弊端,主要体现在两个方面:一是法律不是完美的,法律漏洞永远存在,那么作为三段论大前提的法律规则就存在无法与案件事实建立对应的情况。二是演绎推理在本质上是机械推理,承办人如果只依据法条进行审查,不结合案情背后的深层次原因,如社会、历史、家庭等因素,机械办案,得出的结论可能与社会价

---

① [德]茨威格特·H. 克茨:《比较法总论》,潘汉典等译,法律出版社2003年版,第37页。

值观冲突，出现法、理、情对立的情况，就明显暴露出演绎推理的弊端。

而类比推理的优势在于其创造性和灵活性，当案件无明文法规定又必须作出决定的情形下，检察官可以根据指导性案例的精神或原则进行类比适用，对案件的定罪量刑作出判断。如赵某正当防卫案，检察机关类比适用最高人民检察院第十二批指导性案例，在正当防卫是否超过必要限度的认定上，结合赵某的防卫手段、打击部位等因素，与指导性案例所体现的适用正当防卫的精神相关联，从而认定赵某构成正当防卫。

（三）满足实践理性的要求

实践理性与形式理性相对，强调的是实践者根据现实生活来思考和调整自己的行为，现实性是其最为突出的特征。有限理性并不认为存在一个宏观而又正确的理解，这种理解不可能垄断所有知识，也不可能解答一切发展的问题，他需要借助于个人的能力和知识来补充宏观的叙事。[①]“实践者的理性的最终根据在于作为实践者的具有历史性的人的现实交往和沟通行为之中，它不仅描述人们选择和从事现实行为中的缜密思考以及对自己行为的控制，而且它还表示人们对自己行为的选择与自己未来的期待是联系在一起的。”[②]在如何对待实践理性与类比推理的关系上，法律不应被视为金科玉律。因为人们无法预知未来会发生什么，我们不可避免地存在着历史局限性，立法者无法就未来还未发生的事制定出合理的法律，我们现行的法律随着时代的进步、社会的发展，会产生滞后性。因此，法律需要对一些重大社会实践进行及时的反馈和修正，类比推理的司法技术或法律思维形式应运而生。类比推理的任务就是在现有法律存在漏洞或者空白时，从同类案件的处理原则中发现社会实践背后的法律关系和价值所在，创设性地解决实际问题。

综上所述，类比推理的适用保证“同案同判”的正义价值的实现，并最大限度地实现个案正义；弥补不可避免且无法逃避的法律漏洞，满足社会实践的现实需要，符合历史进步的要求。

三、检察机关类比适用检察指导性案例方法概述

（一）类比适用的操作过程

检察机关类比适用检察指导性案例在逻辑上的方法是详细考察比较项与被比较项之间的各种属性、特征、关系甚至是性质等方面，反复权衡它们之间的相关程度，在这样的基础上才能得出结论[③]。这说明类比适用的操作过程为：一是存在类似案件。根据类比推理的原理，类比适用应当以存在两个类似案例为前提，其中一个为指导性案例。二

① 参见苏治：《论司法过程中的类比推理》，载陈金钊、谢晖主编：《法律方法》（第 3 卷），山东人民出版社 2004 年版，第 68 页。

② 葛洪义：《法与实践理性》，中国政法大学出版社 2002 年版，第 101 页。

③ 参见张晓芒：《类推论辩中的非逻辑因素影响》，载《佳木斯大学社会科学学报》2004 年第 2 期。

是案件为疑难复杂,存在法律漏洞。根据类比推理的必要性,只有在规则存在漏洞,需要解释的情况下,司法者才可能有动力和必要参照指导性案例寻求问题答案。三是以指导性案例的编写结构为比较项。根据《规定》,检察指导性案例的结构,具体包括“标题”、“关键词”、“要旨”、“基本案情”、“检察机关履职过程”、“指导意义”和“相关规定”等部分。因此,检察机关在审查案件时,可以通过标题、关键词检索,查找与正在办理的案件相类似的指导性案例,寻找案件与指导性案例之间在结构,从案由、要旨、案情、诉讼过程、指导意义、相关规定等方面的相同之处,运用指导性案例确立的规则、方法,得出正在办理案件的应然结论。

以赵某正当防卫案为例:(1)赵某案公安机关以故意伤害罪提请批准逮捕,以过失致人重伤罪移送审查起诉,从案由上与第十二批指导性案例的故意伤害案由、要旨相吻合,存在两个类似案件。(2)赵某案发生后,基本案情被新闻媒体报道,引起社会舆论高度关注,因其为保护他人免受不法侵害,造成加害人重伤的危害结果,而现有法律尚未对正当防卫和防卫过当的界限作明确规定,出现法律模糊空间,赵某案属于因法律规制模糊形成的疑难案件。(3)通过检索第十二批指导性案例的指导意义,发现在陈某故意伤害案(检例第45号)、朱某山故意伤害案(检例第46号)中,都对正当防卫的必要限度进行论述,可以得出如下结论:判断防卫是否超过必要限度,可以从受保护法益与受侵害法益对比、双方实力对比、现实的紧迫性、是否使用工具、防卫手段、防卫时击打的部位、击打强度等方面进行综合评价。在赵某案中,赵某所保护的法益和正在侵害的法益均是人身权;从现实紧迫性来看,整个过程发生时间短,赵某听到楼下呼喊声赶到现场,并没有离开现场,李某的侵害行为没有停止,人身危险性依然存在;从手段上和强度上看,二人在发生肢体冲突的过程中也均未持械,赵某在踹李某腹部一脚后,赵某也并未继续对李某实施暴力行为。因此,福州市人民检察院类比适用检察指导性案例将赵某的行为认定为正当防卫,并依法作出不起诉决定。

(二)类比中的相似性判断

相似性是类比推理的基础和关键,它关涉类比推理结论的说服力及正确性程度,同时相似性的判断又涉及主客观多重标准,是一个复杂的过程,因而相似性问题成为困扰法学界的重大难题。法律中适用类比推理的关键是寻找相类比事物之间的相似性。相似性的问题不是一个简单的逻辑问题,而是一个“合目的性”的问题。[①] 正如学者所言,“类比过程是一个整合多重信息源以重新建构的过程。在这个过程中,由于类推的逻辑根据只是‘相似’,如果一味在心理上注意两类事物的‘相似’时,有可能遗漏它们之间相异的属性,而这些相异性也许从伦理角度来看恰恰就是它们之间不能进行类比的根

---

① 参见董天虹:《法律适用中的类比推理研究》,中国政法大学2009年硕士学位论文,第6页。

据”。[①] 关于相似性的标准，目前通说观点为“构成要件论”，它主张以构成要件的比较作为“相似性”的构架基础。假设法定案型 A，其内涵特征可表述为 M1，M2，M3，M4，Mn 五点，系争案件 B，其内涵特征有 M1，M3，M4，M6，M7 五点，相互比较可知 A、B 两案之相同特征为 M1，M3，M4 三点，若此三点在法律评价上对 A、B 两案具有重大意义，则可认定两案具有“相似性”。因此，判断案件相似性即判断案件的法律内涵特征相似性，法律内涵特征表现为案件反映的法律关系的基本特征，涉及主体、客体、主观方面、客观方面构成要件等部分。其中，最核心的法律内涵是案件认定过程中所体现的法律原则、法律精神。

检察机关在类比适用指导性案例过程中，不仅要对在办案件的法律内涵进行深度分析，也要对检察指导性案例的法律内涵进行深入理解，只有做到心中有数，才能够及时发现内涵特征是否相符。

（三）类比推理适用的限制

类比推理的弊端是容易被司法者滥用，过度解释和适用法律或者案例，造成司法不公，所以需要对类比推理适用进行限制。特别是在刑法领域，“罪刑法定”的基本原则要求司法者要遵守“法无明文规定不为罪”的基本逻辑。那么“罪刑法定”原则和“类比推理”方法之间是否存在不可调和的矛盾呢？我国学者郑永流认为，“刑法中禁止类推原则的界限是，不能创立行为构成中不包括的新犯罪类型，这也就指明，在刑法中进行类比的边界是行为构成中而不是行为构成外的犯罪类型”；法定原则是指对犯罪类型在刑法中明确规定，而并非说对某犯罪类型的每一具体种类都明确规定，这是不可能的（一般上能为人认可的将土制手枪解释为武器，事实上也是一种类比解释，但人们用“可能的文字含义”规避类比解释）。在这个意义上，罪刑法定及在刑法上禁止类推只能是相对的、有条件的。[②] 因此，“罪刑法定”原则并不当然禁止类比推理适用指导性案例，但类比推理适用指导性案例要符合“罪刑法定”的法律价值，即不能超越已有的罪名，创设新的犯罪类型。

检察机关在类比适用检察指导性案例过程中，要坚持“以事实为依据，以法律为准绳”，类比推理适用指导性案例的目的是为解决个案当中的法律适用问题，并不是为创设法律。如果发现犯罪嫌疑人的行为不符合任何一个罪名构成，那么就应当遵守“罪名法定”原则，依法作出无罪的结论。

综上所述，检察机关适用检察指导性案例时要依据一定的逻辑方法进行适用，在适用过程中主要判断类似案例之间的法律内涵特征的相似性，最后在得出结论时不能创设新的罪名，违反“罪行法定”原则。

---

① 张晓芒：《类推论辩中的非逻辑因素影响》，载《佳木斯大学社会科学学报》2004 年第 2 期。

② 郑永流：《出释人造——法律诠释学及其与法律解释学的关系》，载《法学研究》2002 年第 3 期。

结语

在全面依法治国的时代背景下,人民对美好生活的向往与发展不平衡不充分的矛盾凸显,在司法领域就表现为当发生重大、疑难、复杂案件时,法律没有明文规定,但侵犯了受刑法保护的法益,这时就需要司法者能积极回应社会关切,及时运用类比推理等法律推理手段,适用指导性案例释法说理等方式,作出合理裁判,以期实现法治价值目标。指导性案例适用的基本路径,也就是寻找在办案件与指导性案例之间在法律内涵特征上的相似性,以实现共同的法律价值为目标,将依据相同点得出的规则运用于类似案件办理中。笔者相信,随着指导性案例内容的不断完善,适用指导性案例的方法、配套制度不断完善,指导性案例将在弥补法律漏洞、统一类案适用法律规则、提高司法质效方面发挥更大的作用。

检察指导性案例在电子数据审查的规范指引和应用路径

——以检例第67号、68号、69号为蓝本

梁晶晶[*]

摘要：最高人民检察院指导性案例检例第67号、68号、69号对提前介入、审查逮捕与起诉、庭审质证各阶段的电子数据审查进行规范指引。在办理网络犯罪和普通刑事案件中，可以参照检察指导性案例中的证据采信规则，通过对电子数据的证据力和证明力审查，进行有效应用。

关键词：电子数据审查　规范指引　应用路径

指导性案例应当提炼类案适用规则，这是指导性案例区别于其他典型性案例、参考性案例或一般性案例的显著特征，也是最高人民检察院《关于案例指导工作的规定》中提出的指导性案例应当"在事实认定、证据运用、法律适用、政策把握、办案方法等方面对办理类似案件具有指导意义"的更明确的说法。提炼类案适用规则，就是针对相同类型案件办理中普遍存在的疑难问题，通过指导性案例提炼规则，作出统一明确的回答。换言之，通过指导性案例提炼出类案可以参照适用的规则，后续同类型案件遇到相似问题时，就可以参照指导性案例明确的法律适用规则予以办理或解决。① 电子数据是以数字化形式存储、处理、传输的，能够证明案件事实的数据。最高人民检察院第十八批指导性案例，检例第67号、68号、69号，均涉及网络犯罪和电子数据审查的内容，对司法实践中电子数据审查起到规范指引的作用，并从证据能力和证明力角度探讨检察指导性案例的应用路径。

---

* 梁晶晶，江苏省连云港市海州区人民检察院第一检察部副主任。

① 参见张杰：《关于做好基层人民检察院指导性案例编研报送工作的思考》，载《中国检察官》2021年第7期。

一、检察指导性案例在电子数据审查的规范指引

（一）提前介入阶段的审查要点

1. 确保电子数据原始存储介质封存。检例第 67 号，在提前介入引导侦查阶段，对于境外起获的电子数据原始介质（如笔记本电脑、手机）语音网关移交我国公安机关。所谓语音网关，即能将语音通信集成到数据网络中实现通信功能的设备。

2. 确保电子数据收集的及时性。检例第 69 号，针对网络攻击犯罪案件特点，引导公安机关及时固定被害单位报案提交的电子数据，确定主要攻击源的 IP 地址，对受攻击 IP、攻击源 IP、攻击控制端服务器 IP 比对分析，锁定犯罪嫌疑人；同时固定被攻击的强度、规模，受影响系统和用户的数量、时间，对破坏计算机信息系统奠定机不可失的追诉基础。

3. 明确电子数据提取具体要求。检例第 67 号，引导侦查阶段，还应一并对证据提取需要达到的证明标准以及涉外电子证据的提取等问题与公安机关沟通，提取电子数据的种类，如聊天记录、文档内容、网络拨打电话记录等数据，且提出无污损鉴定的要求。

（二）审查阶段的审查重点

审查阶段，重点审查证据的证据能力（证据资格）和证明力，证据能力直接决定该份证据能否被使用，证明力则应全面挖掘确定证明的内容。

1. 审查电子数据的证据能力

（1）无污损鉴定起始基准时间确定。检例第 67 号，电子数据的无污损鉴定意见的鉴定起始基准时间晚于犯罪嫌疑人归案的时间近 11 小时，不能确定在此期间电子数据是否被增加、删除、修改。对此，检察机关锁定抓获犯罪嫌疑人和警方起获物证的具体时间，并将此时间作为电子数据无污损鉴定的起始基准时间，且与侦查机关一同至国家信息中心电子数据电子鉴定中心，咨询专家，解决无污损鉴定的要求以及电子数据提取的程序问题，重新进行无污损鉴定；同时纠正公安机关以《司法鉴定书》记录电子数据勘验过程的做法，要求将《司法鉴定书》转化为勘验笔录。确保电子数据的客观性。

（2）境外电子数据来源获取合法性。关于境外证据的审查转换，检察机关面临的首要问题就是境外证据的审查认定问题。办案检察机关根据案件办理过程中对肯尼亚警方移交的证据的审查情况，并结合《中华人民共和国国际刑事司法协助法》以及有关条约、司法互助协定等规定中对向外国请求调查取证的具体要求，进一步细化了审查步骤，作为指导意义的其中一条，为办理此类案件时认定境外证据是否有证据能力、能否在审判中使用提供参考。[①] 检例第 67 号，根据境外警方出具的《调查报告》、驻外大使馆出具的《情况说明》及公安机关出具的扣押决定书、扣押清单等，确定境外获取的证据来源合

---

① 参见孙晴、万莉：《第 67 号检察指导性案例的生成及对检察办案的指导作用》，载《中国检察官》2021 年第 7 期。

法,移交过程真实、连贯、合法。

2. 审查电子数据的证明力

(1)强化证据调取完整性。检例第 68 号,针对提供侵入计算机信息系统程序案罪、非法获取计算机信息系统数据罪的案件本身特点,针对“小黄伞”软件的运行原理,检察机关引导公安机关补充调取证据,通过对扣押的电脑进行补充勘验,调取同案犯之间的 QQ 聊天记录,提取电脑的 MAC 地址,提取扣押电脑中的含有账号、密码的文件,对涉案程序的制作目的、用途等演示的视听资料,达到证明“小黄伞”软件系“专门用于侵入计算机信息系统的程序”的目的,查明电商平台用户信息与犯罪嫌疑人使用“小黄伞”软件的关联性。

(2)建立被害人与诈骗犯罪组织间的关联性。检例第 67 号,针对证据调取不完整,出入境记录与认定的跨境诈骗时间点存在疑点,需要进一步调取。对此,检察机关一方面要求补充调取犯罪嫌疑人使用网络电话与被害人通话的记录、被害人向犯罪嫌疑人指定银行账户转账汇款的记录、犯罪嫌疑人的收款账户交易明细等证据,准确认定被害人;通过电子数据中的网络通话记录、聊天记录与被害人陈述的诈骗电话号码、银行账号等证据相互印证,查明犯罪数额;另一方面根据护照协调北京市公安局出入境管理总队出具完整的出入境记录,结合管理护照的犯罪嫌疑人,核实部分犯罪嫌疑人是否中途离开过诈骗窝点,与电子数据的聊天记录证明的诈骗参与节点,确定参与诈骗时间点。

(3)确定犯罪嫌疑人网络身份和现实身份的一致性。检例第 67 号,涉案笔记本电脑和手机中提取的 SKYPE 账户登录信息等电子数据与犯罪嫌疑人的供述相互印证,能够确定犯罪嫌疑人的身份和犯罪组织的架构。检例第 68 号,从使用撞库软件的终端设备的 MAC 地址与犯罪嫌疑人电脑的 MAC 地址、“小黄伞”软件的源代码里面包含的 MAC 地址一致,来认定嫌疑人就是涉案“小黄伞”软件的编制者。检例第 69 号,从黑客之间的网络活动记录、同案犯之间的信息、资金往来等证据,重建黑客背后的关联和对应关系。

(4)强化证据审查力度,全面认定犯罪事实。检例第 67 号,抽丝剥茧,从恢复证据中发现“返乡订票记录单”以及早期的聊天记录,进而追诉遗漏的犯罪事实,完整认定事实,且有助于主从犯的认定。

(三)庭审阶段的质证关键点

1. 犯罪金额认定的证据链条完整性。检例第 67 号,从犯罪集团使用网络电话与被害人电话联系的通话记录;犯罪集团使用的 SKYPE 聊天记录中被害人姓名、居民身份证号码等个人信息;被害人向指定银行账户转账汇款的记录;在案的犯罪事实认定,至少包含上述其中一种关联方式,因此,足以认定被害人被该犯罪集团诈骗的事实。

2. 共同犯罪故意的认定。检例第 68 号,从 QQ 聊天记录反映两人曾提及非法获取某电商平台用户信息的内容,证实打码系用于批量登录该电商平台账号,且两人行为系相互配合、相互补充，构成共同犯罪。

3. 破坏计算机信息系统危害后果认定。检例第69号，虽然本案无法锁定全案造成的危害后果，暂以经济损失认定，但其指出，破坏计算机信息系统的危害后果，应客观全面准确认定，不仅局限于违法所得或者经济损失数额来评估危害后果，还应结合受影响的计算机信息系统数量或者用户数量、受影响或者被攻击的计算机信息系统不能正常运行的累计时间、对被害企业造成的影响等证据，做到罪责相当、罚当其罪。

二、检察指导性案例在网络犯罪案件中电子数据审查的应用路径

网络犯罪具有网络性、不可控制性、非实体性的特征，对网络犯罪的认定，电子数据在证据体系中居于核心地位，是关键证据，有时具有直接证据的作用。如检例第67号，对检察办案的指导作用，明确了对境外实施犯罪证据和电子数据的审查重点并提出了具体的审查方法。[①]

检察指导性案例通过指控与证明犯罪、指导意义的体例框架对电子数据的审查提供了规范指引，现以司法办案中的适用，分案件类型，做如下探讨。

（一）网络犯罪中电子数据之证据能力审查

1. 以程序规范审查电子数据的合法性

电子数据的合法性，应从电子数据原始存储介质这一物证来源入手进行审查，扣押、封存物证和提取、存储电子数据均应合规合法。

（1）确保扣押物证合法性。审查扣押手续是否齐全，扣押过程是否准确记录，扣押文书签名完整。[②]

（2）确保原始存储介质无污染。从扣押开始，到提取阶段，到生效判决，均应处于封存状态，且有记录可查，符合封存条件和规范要求。

（3）确保提取过程规范性。区分提取的方式，对现场提取、在线提取、镜像提取、冻结和调取的电子数据，分别按照相应的规范进行审查。

2. 以审查要点判断电子数据的客观性

检察指导性案例提出以无污损鉴定来采信电子数据的客观性，在实践中，基层司法机关可能无法具备进行无污损鉴定的条件，那么如何解决证据的客观性问题呢？对此，检察指导性案例不仅提供了方法，更提供了一种思路，即电子数据的起始基准时间要和电子数据原始存储介质的扣押时间一致，从而在源头上可以固定、审查，采信该电子数据没有被更改的可能性。

---

① 参见孙晴、万莉：《第67号检察指导性案例的生成及对检察办案的指导作用》，载《中国检察官》2021年第7期。

② 参见万春等：《关于办理刑事案件收集提取和审查判断电子数据若干问题的规定理解与适用》，载《人民检察》2017年第1期。

这一点在实践中,可以从以下三个方面入手审查:(1)审查电子数据的起始基准时间和电子数据原始存储介质被封存时间是否一致,不一致的能否进行合理解释。(2)审查勘验、提取笔录的时间和电子数据中的生成、修改时间是否一致。(3)审查电子数据的 MD5 值和勘验、提取笔录、清单上记载的 MD5 值是否一致。

值得一提的是,实践中侦查机关在网络取证中还进行了向第三方取证。向第三方取证,就是向中立第三方调取电子数据,它是计算机取证体系的重要组成部分。第三方包括网络服务提供商、电子数据交换机构、电子证据鉴定机构、案外第三人等。在我国,向第三方取证作为计算机取证的成熟手段之一,具有明确的法律依据,如《计算机信息网络国际联网安全保护管理办法》《互联网信息服务管理办法》等,均明确规定了网络服务商具有提供电子证据的协助义务。如广州某汽配贸易公司走私普通货物案中,侦查机关通过电子邮件所属服务商确定网络服务商的地址,向服务商调取了 30 个涉案邮箱中的 20 万封电子邮件,经过筛选后将其中与本案有关联的部分作为电子数据材料提交法庭。同时,向第三方取证的数据材料均由第三方单位存储在只能读不能写的光盘里面,阅读者无法对这些数据进行修改,从而保证了电子数据材料的真实性。①

(二)网络犯罪中电子数据之证明力审查

证据的关联性,一般是指证据必须与案件事实有实质联系并对案件事实有证明作用。关联性的判断不是立法上能解决的问题,而只能由检察人员根据经验法则、生活常识、直观判断和逻辑标准予以进行。电子证据必须与案件事实有某种联系,这种联系方式和途径是多种多样的,且不同的电子证据与案件事实之间的联系面和联系方式是不同的,因此其对认定案件事实的作用也有所不同。

电子数据在网络犯罪中,多数情形下系原始证据,能够直接证明犯罪事实,同时能够和其他证据形成关联性,相互印证,查明相关事实。

1. 网络犯罪中电子数据对犯罪基本事实的认定。根据电子数据反映的内容,认定犯罪行为;结合电子数据和犯罪嫌疑人供述、书证,围绕犯罪嫌疑人与原始存储介质、电子数据的关联性,认定犯罪嫌疑人网络身份与现实身份的同一性;剖析电子数据和被害人陈述、证人证言、书证,从违法所得、经济损失、信息系统的破坏、网络秩序的危害程序以及对被害人的侵害程度等综合判断,认定犯罪行为的情节和后果②。

2. 网络犯罪中电子数据对犯罪主观明知的认定。重点挖掘电子数据中的聊天记录、发布内容、浏览记录、网络身份来源合法性与真实性与否,结合是否仅用于违法犯罪活动,交易对象、频次、数额是否明显违反正常交易习惯,操作是否违反正常操作流程,来认

① 参见刑事审判参考·指导案例【第 873 号】广州顺亨汽车配件贸易有限公司等走私普通货物案——在刑事案件中如何审查电子数据的证据资格以及如何认定走私共同犯罪中主、从犯。

② 参见朱桐辉、王玉晴:《电子数据取证的正当程序规制——〈公安电子数据取证规则〉评析》,载《苏州大学学报(法学版)》2020 年第 1 期。

定犯罪故意。

3. 网络犯罪中电子数据对事实完整性的认定。基于网络犯罪的时空非受限性，犯罪主体很可能同时期内从事同类型多次频繁的犯罪行为，也基于投入成本低、追查难度大，犯罪分子很可能再次实施犯罪，即使犯罪分子的存储设备中清空电子文档等证据，但其基于牟利的动机，很可能会保留相关的通讯群组和通讯方式。因此，在审查中，应不局限于犯罪嫌疑人供述的和侦查机关当场查获的事实，而应追本溯源，基于证据的剖析，确保追诉事实的完整性。

三、检察指导性案例在普通刑事案件中电子数据审查的应用路径

普通刑事案件中，电子数据通常非关键证据，也并非直接证据，因此，更多地以印证模式来判断其电子数据的证据能力和证明力。

（一）普通刑事案件中电子数据之证据能力审查

普通刑事案件中的电子数据来源，主要系犯罪嫌疑人、被害人所使用的手机、电脑等移动设备，因此，在相关当事人到案时，均第一时间扣押。

如何运用证据裁判原则审查其是否具有证据资格，将直接影响案件事实的认定。判断相关电子数据是否具备证据能力，主要从证据取得的合法性入手，适用非法证据排除规则。

对于普通刑事案件中电子数据的审查，相比网络犯罪案件类型单一、内容简单。实践中，不同于网络犯罪案件固定、封存、提取的严格程序，侦查机关现场固定电子数据时通常采用“扣押—打印—确认”模式：制作搜查笔录和扣押清单—召集见证人—切断电源及接口—拍照、录像固定—打印—确认。对于计算机中未被删除的数据，在其他证据足以佐证的前提下，采用了“打印—确认”模式。因此，其合法性审查重点在于扣押手续的规范、完整与否，以及提取程序的规范性，提取笔录的完整性，必要时全程录音录像以佐证提取的合法性、客观性、真实性。

（二）普通刑事案件中电子数据之证明力审查

在运用电子证据证明案情时，应根据其不同的证明范围和不同的证明程度作出恰如其分的判断。特别是需要通过科学的分析研究，排除各种矛盾和其他可能性，确定电子证据所反映的内容同案件事实有无联系。与案件事实无关的电子证据，即使是客观真实的也丝毫无助于查明案情，不具有任何证明作用。司法实践中要正确判定电子证据与案件事实的联系程度，可以从以下几个方面入手：一是所提出的电子证据欲证明什么样的待证事实；二是该事实是否案件中的实质问题；三是所提出的电子证据对解决案件中的争议问题有多大实质意义。一般说来，某一电子证据对案件争议问题具有实质性意义，

即能确定或否定某一案件事实存在,则法庭应当认定该证据具有足够的关联性。①

普通刑事案件中电子数据的证明力,还需要结合其他证据印证证明。如在熟人间强奸案件中,关于是否违背被害人意志,可以结合电子数据查明两人前期的关系、事发前后的聊天记录,通过与被告人供述、被害人陈述等证据相互印证,进而排除自愿的可能性。再如诈骗类案件中,可以通过电子数据证明部分诈骗金额,再通过与被告人供述、被害人陈述、证人证言、银行转账记录等书证共同证明诈骗金额。

① 参见曾晓东:《浅析电子证据在新刑事诉讼法中的运用》,载中国法院网。